Linda Tellington-Jones

Welpenschule mit Linda Tellington-Jones

Unter Mitarbeit
von Gudrun Braun

KOSMOS

Inhalt

Willkommen in der Welpenschule 5

> Mein Leben mit Tieren 6

> TTEAM und TTouch für Welpen 7

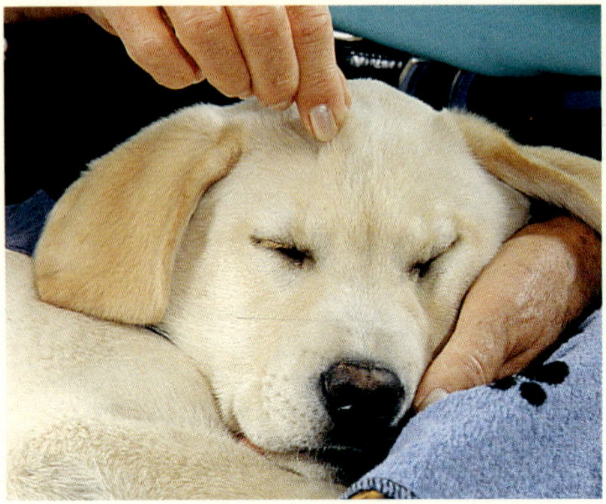

TTEAM und Tellington-TTouch kennen lernen 8

> TTEAM-Methode 10

> Tellington-TTouch – Eine Berührung, die Vertrauen schafft 12

Welche TTouches gibt es? 14

Wie wirken die kreisenden TTouches? 16

> TTouch-Basiswissen 18

Die kreisende Bewegung 18

Namen 19

Kreisrichtung 19

Geschwindigkeit 20

Linienführung 20

Druckstärken 20

> Tipps zur TTouch-Behandlung 22

TTouches für Welpen 24

Wolken-Leopard-TTouch 26

Liegender-Leopard-TTouch 28

Waschbär-TTouch 30

Muschel-TTouch 31

Aufgerollte-Python-TTouch 32

Lama-TTouch 33

Python-TTouch 34

Lecken der Kuhzunge 36

Noahs Marsch 37

Tarantel-TTouch 38

Haargleiten 39

Regenwurm-TTouch 40

Maul-TTouch 41

Ohren-TTouch 43

Bauchheben 44

Ruten-TTouch 45

Pfoten-TTouch 47

Welpen erziehen mit TTouch und TTEAM 48

> Die Basis der Erziehung 50

Kommunikation ohne Druck 51
Tipps für die Wahl des Hundes 53
Beschwichtigungssignale 54
Erste Begegnung 55
Namensgebung 57
Gewöhnung an die Transportbox 57
Autotraining 60

> Vorbereitung zu Hause 62

Die Ernährung des Welpen 63

> Die ersten Tage 66

Tagesplan 68
Die ersten Nächte 69
Füttern 69
Gassi gehen 70
Spazieren gehen 72
Begegnungen mit anderen Hunden 72
Verdauungs- und Ruhepausen 74
Stubenrein 74
Besuch bei Freunden 76
In der Welpenspielgruppe 76
Erziehung im Überblick 78

> Körperpflege 80

Fellpflege 80
Besuch beim Hundefriseur 81
Zahnkontrolle und Zähneputzen 82
Krallenschneiden 83
Zeckenkontrolle 84
Fieber messen 85
Besuch beim Tierarzt 85
Allein zu Hause 87
Körperbänder 87
T-Shirt 88
Hündin und Welpen 90

Lern- und Erziehungstraining 92

- Ausrüstung für das Training im Lernparcours 94
- Sitzen, Hinlegen, Warten, Kommen und Führen 96
  - *„Geh auf deine Matte“* 96
  - *Sitzen und Warten* 98
  - *Hinlegen und Warten* 100
  - *Kommen* 101
  - *Warten und Bleiben* 102
  - *Warten und Bleiben mit Distanz* 103
  - *Führen mit Spielzeug* 104
  - *Führen an der Leine* 105
  - *Führen mit Balanceleine* 106
  - *Balanceleine mit Halsband* 108
  - *Führen mit Kopfhalfter* 108
  - *Training im Labyrinth* 110
  - *Führen von beiden Seiten* 111
  - *Führen mit der Gerte* 112
- Im Lernparcours 113
  - *Labyrinth* 113
  - *Brett* 114
  - *Wippe* 116
  - *Slalom* 116
  - *Stangen und Leiter* 117
  - *Stern* 119
  - *Untergrund* 119
  - *Ringe und Reifen* 120
- Dog-Dancing 121
  - *Pfötchen geben* 121
  - *Kreis* 122
  - *Acht* 124
  - *Drehen* 125
  - *Rolle* 126
  - *Tipps für das Dog-Dancing-Training* 127

Service 128

- Danksagung 129
- Zum Weiterlesen 131
- Nützliche Adressen 132
- Register 133
- Bildnachweis, Impressum 135

Willkommen in der Welpenschule

Ich freue mich, Ihnen in meiner Welpenschule das TTouch- und TTEAM-Konzept für Welpen vorstellen zu können, das für Welpenbesitzer, Züchter, Tiermediziner, Tierpfleger und Tiertrainer konzipiert wurde. Ich habe neue Wege und hilfreiche Tipps für Sie, die Ihnen beim Umgang mit Ihrem Welpen helfen und Ihr Leben bereichern können.

Vielleicht haben Sie sich Ihren Welpen schon ausgesucht oder Sie tragen sich mit dem Gedanken, einen Welpen oder jungen Hund anzuschaffen. Ich möchte Ihnen zu Ihrer Entscheidung gratulieren, denn ich weiß, wie viel Freude und Spaß ein eigener Hund in das Leben und in die Familie bringt.

Auch diejenigen, die sich professionell mit der Betreuung von Welpen und Junghunden beschäftigen, möchte ich in diesem Buch ansprechen, denn diese Welpenschule bringt neue und leicht umsetzbare Ideen und Ansätze, damit sich Hündin, Welpen und Junghunde wohl fühlen und gesund bleiben. Ich zeige auch Wege auf, falls gesundheitliche Probleme oder Verhaltensauffälligkeiten vorkommen.

Kleine Kinder und Welpen profitieren vom TTouch.

Mein Leben mit Tieren

Ich bin auf einer Farm aufgewachsen und hatte das Glück, von Kindesbeinen an mit Tieren zusammen sein zu können. Mit drei Jahren war unser Farmhund mein bester Freund, mit neun Jahren bekam ich meinen ersten eigenen Hund, einen Collie. Andere Hunde folgten und begleiteten mich durch die verschiedenen Phasen und Stationen meines Lebens.

Vor über 30 Jahren entwickelte ich die TTEAM- und TTouch-Methode zunächst für Pferde, denn es war mein Beruf, Pferde zu trainieren, zu reiten und Berufsreiter zu schulen. Im Laufe meines Berufsweges suchte ich nach Ansätzen, wie Mensch und Pferd auf eine harmonische, befriedigende und erfolgreiche Weise miteinander umgehen können. Ich wollte einen Weg finden, bei dem Pferde ohne Stress, Gewalt und Dominanz lernen, was ich von ihnen erwarte. Wie bei einem Puzzlespiel kam Teil um Teil zusammen, ich verband mein bewährtes Wissen mit neuen Ideen und kreierte eine neue Methode, die TTEAM-Methode, die inzwischen in über 30 Ländern verbreitet ist.

So entsteht eine tiefe und enge Beziehung zum Welpen.

Anfang der 1970er gab ich meine Pferdezucht und die internationale Schule für Reitlehrer auf und fing an, durch die Welt zu reisen. Ich begann Pferdemenschen zu lehren, wie sie ihre Pferde ohne Gewalt und Dominanz trainieren und dabei eine partnerschaftliche Beziehung aufbauen können. Besonders wichtig ist für mich, die individuelle Persönlichkeit jedes einzelnen Tieres anzuerkennen und alle Möglichkeiten zu nutzen, um eine ganz besondere Beziehung zwischen Mensch und Pferd zu entwickeln. Ich traf auch auf Menschen, die sich mit Haus-, Zoo- und Wildtieren beschäftigten und die sich für meine Methode interessierten. So ergab es sich, dass sich TTEAM und TTouch immer mehr auch für die Arbeit mit Hunden, Katzen, Haus- und Wildtieren etablierte.

Heute lebe ich mit meinem Mann Roland und unserer Westie-Hündin Rayne auf Hawaii. Rayne bleibt zu Hause und wird liebevoll betreut, wenn ich mit Roland auf Reisen bin, um TTouch und

Vertrauen ist die Basis einer guten Mensch-Hund-Beziehung.

TTEAM in Kursen, Seminaren, Workshops oder auf Messen weltweit präsentieren und lehren zu können.

TTEAM und TTouch für Welpen

Viele von Ihnen werden frisch gebackene Welpenbesitzer sein: Sie sind von nun an der Ausbilder Ihres Hundes, aber vor allem seine Familie, sein Schutz, sein Versorger, sein Begleiter. Hunde schließen sich Menschen und Menschenfamilien eng an, weil es ihrer Natur entspricht. Sie leben in Freiheit, genau wie ihre Urahnen die Wölfe, in Familiengruppen zusammen. Ihr Welpe wird in Ihrer Familie seinen Platz suchen und finden, Sie können ihm dabei mit TTouch auf sanfte Weise helfen.

Mit den Übungen im TTEAM-Lernparcours lernt Ihr Welpe auf spielerische und interessante Weise, was Sie von ihm möchten. Das Training mit den Hindernissen des Lernparcours ist bemerkenswert erfolgreich, um das Lernvermögen und den Lerneifer Ihres Hundes zu fördern und zu entwickeln.

Ihr Welpe wird aufmerksam, kooperativ, geduldig und gut auf die bevorstehenden Herausforderungen des Lebens vorbereitet. Wenn Sie mit Ihrem Welpen Sport betreiben möchten wie Agility oder Dog-Dancing oder ihn als Begleit- oder Therapiehund einsetzen wollen, sind TTouch und TTEAM bestens dazu geeignet, Ihren Hund zu trainieren und zu pflegen.

Ich wünsche Ihnen viel Spaß und Freude mit Ihrem jungen Hund.

TTEAM und Tellington-TTouch kennen lernen

- TTEAM-Methode 10
- Tellington-TTouch 12
- TTouch-Basiswissen 18

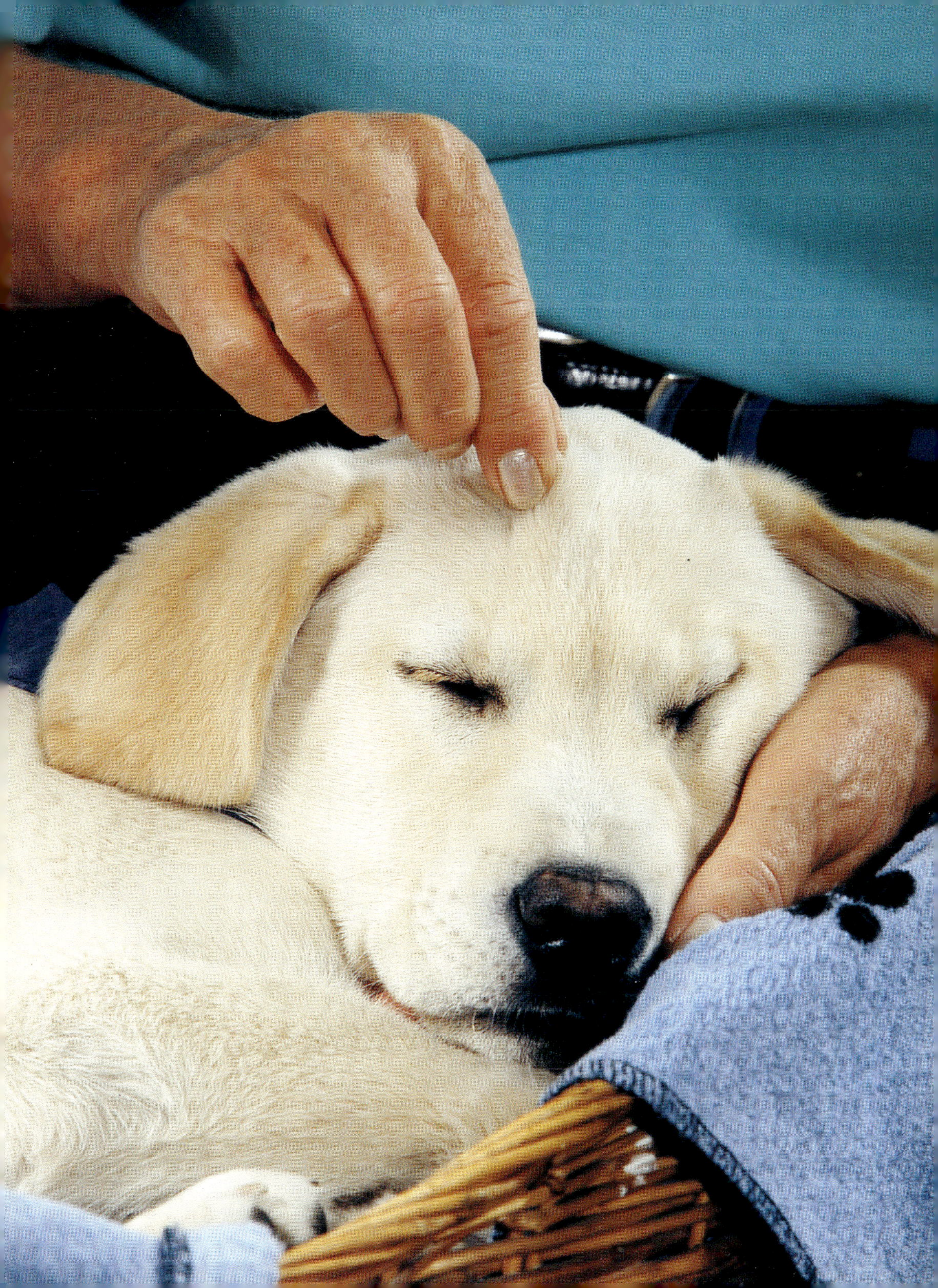

TTEAM-Methode

Der Name TTEAM erklärt sich aus der Abkürzung des englischen Namens „**T**ellington **T**raining **E**very **A**nimal **M**ethode". Er steht für ein partnerschaftliches, also teamorientiertes Training mit dem Tier, das auch die Tellington-TTouches beinhaltet. Ursprünglich entwickelte ich die TTEAM-Methode für Pferde, aber im Laufe der letzten 30 Jahre zeigte sich, dass auch viele andere Tiere davon profitieren. Das Tellington-Training für Hunde entwickelte ich vor nunmehr 15 Jahren.

Die TTEAM-Bodenarbeit für Welpen findet im so genannten Lernparcours statt. Dort lernt der Hund verschiedene Aufgaben kennen, die seine Konzentration und sein Lernvermögen fördern.

Auf den ersten Blick erinnern die Hindernisse an das Agility-Training, aber der große Unterschied liegt darin, dass die TTEAM-Übungen langsam ausgeführt werden. Mein Interesse ist es, das Lernvermögen des Welpen zu fördern und ihn in ein geistiges, körperliches und emotionales Gleichgewicht zu bringen. Das TTEAM-Training für Welpen ist eine gute Basis, um später mit Gehorsamstraining, Agility oder Rettungshundetraining zu

In der Gruppe macht TTouch viel Spaß.

Das Körperband fördert die Aufmerksamkeit und das Körpergefühl des jungen Boxers.

beginnen, aber es ist auch für alle Welpen sinnvoll, die einfach ein Freund, Kamerad oder Familienmitglied sein sollen.

Im TTEAM-Training wird das Lernvermögen jedes einzelnen Welpen berücksichtigt und dem jungen Hund Schritt für Schritt gezeigt, wie und was er lernen soll.

Das Hauptelement des TTEAM-Trainings ist das Labyrinth, das mit Stangen am Boden ausgelegt wird. Das TTEAM-Labyrinth ist gar nicht kompliziert und kann mit sechs Stangen auf jeder Rasenfläche aufgebaut werden. Mehr zu den Übungen im TTEAM-Lernparcours finden Sie ab Seite 92.

Wichtiges Element des TTEAM-Lernparcours ist das Labyrinth.

Tellington-TTouch – Eine Berührung, die Vertrauen schafft

Tellington-TTouch ist eine leicht zu lernende und sanfte Körperbehandlung, die sich positiv auf das Verhalten, die Leistungsfähigkeit und die Gesundheit des Welpen auswirkt und die die Beziehung zwischen Mensch und Hund vertieft. Tellington-TTouches, kurz auch TTouches („Ti-Tatsches") genannt, sind kreisende, hebende und streichende Berührungen, die das Vertrauen des Tieres zum Menschen aufbauen und stärken.

Jeder Welpe ist eine Persönlichkeit, deren Entwicklung gefördert werden sollte.

„Touch" bedeutet Berührung. „Trust" heißt Vertrauen, das zweite T in TTouch steht sinnbildlich also für Vertrauen. TTouch ist eine Berührung, die Vertrauen schafft.

Durch den beim TTouch sanften und warmen Kontakt der Hand gewinnt der Welpe eine besonders tiefe Vertrautheit zum Menschen und lernt den Körperkontakt zu genießen.

Bei den kreisenden TTouches bewegt der Mensch die Haut in kleinen Kreisen und erzeugt damit eine gleichzeitig entspannende und Aufmerksamkeit schaffende Wirkung. Man könnte meinen, TTouch sei eine Art Massage, aber die Wirkung und die Ziele sind andere als bei der klassischen Massage.

TTouch wirkt auf Körper und Geist in besonderer Weise. Durch TTouch kommt der Körper in einen entspannten Zustand, gleichzeitig wird das Gehirn aufnahmebereiter zum Lernen und Bewältigen von neuen Aufgaben.

Durch TTouch entsteht eine neue Aufmerksamkeit, die die Lernfähigkeit und den Lerneifer fördert.

TTouch verhilft Tieren dazu, instinktive Verhaltensreaktionen zu überwinden und ungewohnte Situationen bewusst zu meistern.

TTouch fördert das Wohlbefinden und unterstützt den Welpen dabei, seine individuelle Persönlichkeit zu entwickeln.

Durch die Tellington-TTouch-Körperbehandlung werden die Funktion sowie die Lebens- und Selbstheilungskraft der Zellen des gesamten Körpers positiv beeinflusst. Die Erfahrung vieler Menschen zeigt, dass durch TTouch Schmerzen und Unwohlsein gelindert und Angst und Traumata überwunden werden können.

Die Entwicklung der TTouches fand in den 1980er-Jahren statt, nachdem ich durch meine Ausbildung zur Feldenkrais-

So angenehm ist TTouch.

Welpen bringen so viel Freude.

Lehrerin in den 1970er-Jahren inspiriert wurde, mit Körperarbeit an schwierigen Pferden zu beginnen.

Durch die Feldenkrais-Berührungen und nicht gewohnheitsmäßige Bewegungen konnte ich das Verhalten von ängstlichen und verstörten Pferden positiv verändern, aber ich konnte dieses komplexe Wissen nicht so einfach an andere Menschen weitergeben.

Dies änderte sich, als ich die unglaubliche Wirkung der sanft kreisenden TTouch-Berührungen entdeckte, die von jedem Menschen leicht nachzuvollziehen sind. Die Idee des Tellington-TTouch kam mir in einem glücklichen Moment, als mich eine verzweifelte Pferdebesitzerin fragte, was sie tun könne, um ihrem Pferd, das sich ungern berühren ließ, zu helfen.

Ganz unerwartet, intuitiv und spontan sagte ich ihr: „Bewege die Haut im Kreis", obwohl ich diese Bewegung selbst vorher noch gar nicht angewendet hatte. Sie tat es, ihre Stute reagierte sofort positiv und entspannte sich.

Ich war von der Einfachheit der kreisenden Bewegung und dem Ergebnis so überrascht, dass ich mit verschiedenen Finger- und Handhaltungen, Druckstärken sowie mit Richtung und Dauer des Kreises experimentierte.

Meine Schwester Robyn half mir, die Ergebnisse zu dokumentieren und den TTouches Namen zu geben. Im Laufe der Jahre haben sich über 20 verschiedene TTouches für alle Tiere und Menschen entwickelt, die Sie nicht alle kennen und anwenden müssen, um erfolgreich zu sein.

Schon zwei oder drei der kreisenden, streichenden oder hebenden TTouches und zwei bis drei der Körperteil-TTouches genügen, um Ihrem Welpen ein gutes Körper- und Selbstbewusstsein zu vermitteln.

Ab Seite 24 finden Sie die Erklärungen und Anwendungsmöglichkeiten der verschiedenen TTouches für Welpen.

Welche TTouches gibt es?

Die Tellington-TTouches teilen sich in kreisende, hebende, streichende und Körperteilen zugeordnete Berührungen ein. Bei den kreisenden TTouches wird die Haut in einer ganzen plus einer viertel Kreisbewegung im Uhrzeigersinn bewegt. Die kreisenden TTouches unterscheiden sich durch unterschiedliche Handhaltungen, es kommen die Fingerspitzen, die Handfläche oder auch der Handrücken zum Einsatz.

Bei den hebenden TTouches wird die Haut sanft verschoben, bei den streichenden TTouches wird über die Haut gestrichen.

TTouch ist leicht zu lernen.

Die den Körperteilen zugeordneten TTouches werden am Maul, an den Ohren, am Bauch, an den Beinen oder an der Rute eingesetzt. Es werden hier bestimmte TTouches angewendet oder auch die Haltung und Position des Körperteils beeinflusst.

Es ist eine der Entdeckungen der TTEAM-Methode, dass man durch die Veränderung der Körperhaltung das Verhalten verändern kann, ohne Angst oder Stress auszulösen.

Wir kennen dieses Phänomen auch selbst: Ein bewusst erzeugtes Lächeln führt automatisch zu einer Aufhellung der eigenen Stimmung. Bringt man den Hund zum Beispiel dazu, seine Rute locker – statt ängstlich eingeklemmt – zu halten, befreit ihn das von seiner Angst und er verändert sein Verhalten.

Welpen, die die Tendenz haben, anderen Welpen gegenüber aggressiv zu sein und ihre Rute dabei steif halten, können durch die Beeinflussung der Rutenhaltung ihr Verhalten verändern. Die grundsätzliche Rutenhaltung ist aber auch genetisch bedingt unterschiedlich, manche Rassen tragen ihre Ruten immer oben (siehe Seite 45).

Oben: Der kreisende Liegende-Leopard-TTouch.
Mitte: Der hebende Python-TTouch.
Unten: Ruten-TTouch.

Wie wirken die kreisenden TTouches?

Welpen lernen mit TTouch besser zu lernen und das kommt ihnen in ihrer Sozialisierung, Erziehung und Ausbildung zugute. Soll Ihr Welpen beispielsweise ein Sport- oder Therapiehund werden, dann unterstützt TTouch das anspruchsvolle Training, reduziert Stress und beugt Überforderung vor.

Bei einer Studie mit Pferden, die 1985 in Moskau von russischen Tierärzten durchgeführt wurde, zeigte sich, dass während der Behandlung mit TTouch Hormone ausgeschüttet werden, die Stress verringern. Auch die Ergebnisse, die wir im Laufe der Jahre bei vielen tausend Hunden beobachten konnten, lassen darauf schließen, dass TTouch bei Hunden Stress reduziert. Stressreduzierung ist für jeden Welpen vorteilhaft, egal, welche Aufgabe er einmal erfüllen soll.

Welpen können mit TTouch leichter in ihre neue Familie integriert werden und kommen mit der neuen häuslichen Umgebung besser zurecht. Auch an das womöglich ungewohnte Leben in der Stadt und an das Autofahren gewöhnen sie sich leichter.

In zahlreichen Tierheimen weltweit hat sich der TTouch für Welpen und erwachsene Hunde zur Stressreduzierung etabliert, da sich entspannte Hunde leichter an neue Besitzer vermitteln lassen.

Die Vorbereitung zum Maul-TTouch.

Therapiehunde, deren Aufgabe es ist, das Leben von gehandicapten oder alten Menschen zu bereichern, können durch

TTouch lernen, unbeholfene Berührungen zu akzeptieren und zu verarbeiten.

Welpen, die sich in der Vorbereitung zum Arbeits-, Sport- oder Ausstellungshund befinden, werden in ihrer Kondition gestärkt, bekommen ein stabiles Selbstvertrauen und sind motivierte Partner.

Die Erfahrung zeigt zusätzlich, dass durch die kreisenden Berührungen die Funktionen der Zellen und das Selbstheilungspotenzial beeinflusst werden, Heilungsprozesse beschleunigen sich, die Gesundheit wird erhalten und gefördert.

Mit TTouch kommen Sie mit Ihrem Welpen von Anfang an zu einer intensiven und harmonischen Verbindung. Ihr Welpe bekommt Vertrauen, Selbstsicherheit, ein intensives Körperbewusstsein und fühlt sich wohler.

TTouch hilft aber auch bei Problemen wie Nervosität und Verspannungen. Einige der TTouches sehen wie Massagegriffe aus, aber auch sie wirken, neben der Lockerung der Muskeln, vor allem auf das Zell- und Nervensystem.

Weitere Vorteile der TTouches sind, dass sie leicht zu lernen sind und überall angewendet werden können, ob zu Hause, unterwegs, beim Tierarzt oder beim Training.

Schon wenige Minuten täglich bewirken erstaunliche Veränderungen und haben so viele positive Effekte.

So entspannt schläft es sich nach einer TTouch-Behandlung.

TTouch-Basiswissen

Die kreisende Bewegung

Die Grundlage des TTouch ist eine Kreisbewegung. Einer der kreisenden TTouches ist der Wolken-Leopard-TTouch. Er ist oft der erste TTouch, den ich für Welpen lehre, da er einfach zu erklären und auszuführen ist. Die Grundsätze des Wolken-Leopard-TTouch sind auch für die anderen kreisenden TTouches gültig.

Ich nenne ihn den Wolken-Leopard-TTouch, da die Hand leicht wie eine Wolke auf dem Körper ruht. Die Finger bewegen die Haut, das Gewicht der Hand liegt nicht auf dem Körper des Welpen.

Stellen Sie sich das Zifferblatt einer Uhr auf dem Tierkörper vor, ungefähr zwei Zentimeter im Durchmesser. Die Sechs auf dem Zifferblatt zeigt zum Boden. Legen Sie die Finger auf 6.00 Uhr der vorgestellten Uhr. Halten Sie die Finger leicht gekrümmt, ähnlich einer Pfote, und schieben Sie die Haut um das Zifferblatt im Uhrzeigersinn herum. Während der Drehung um das Zifferblatt behalten Sie einen gleichmäßigen Druck und eine gleichmäßige Geschwindigkeit bei. Es ist wichtig, dass die Kreise des TTouch wirklich rund sind und eine weiche, fließende Bewegung bilden.

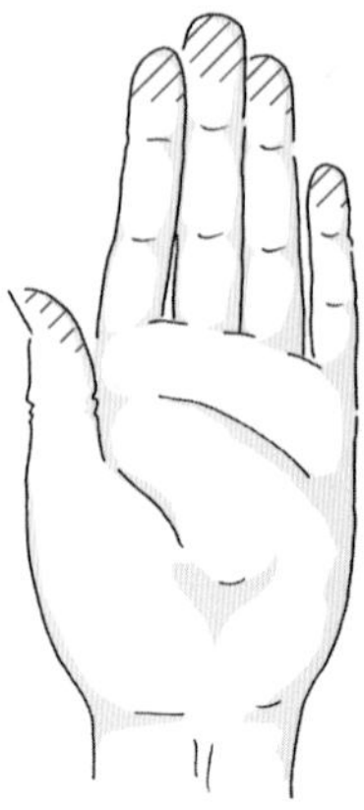

Wolken-Leopard-TTouch: Die schraffierten Flächen markieren die Auflagefläche auf dem Fell.

Sie starten bei 6.00 Uhr, drehen einmal ganz herum und ein wenig weiter, bis Sie zwischen 8.00 Uhr und 9.00 Uhr angekommen sind. Hier pausieren Sie eine Sekunde und gleiten dann auf dem Fell weiter, um den nächsten TTouch zu beginnen.

Um das Gefühl für die Weichheit der Bewegung zu bekommen, können Sie ein kleines Experiment auf Ihrem Arm durchführen. Legen Sie Ihren Daumen leicht auf Ihren Oberarm, wenige Zentimeter davon die anderen Finger Ihrer Hand. Bewegen Sie die Haut mit den Kuppen Ihrer vier Finger in einem Kreis und einem Viertel herum, wobei die Fingerspitzen die Haut sanft verschieben. Die Gelenke Ihrer Finger bewegen sich dabei mit. Halten Sie den Handballen entfernt vom Arm, so dass kein Druck ausgeübt wird.

Dann probieren Sie die Kreisbewegung der Haut mit steif gehaltenen

So wird der Welpe stabil, aber sanft gehalten.

Fingern. Achten Sie darauf, wie sich diese Berührung anfühlt. Normalerweise führt eine steife Fingerhaltung dazu, dass Sie den Atem anhalten – das wird auch Ihr Welpe spüren und weniger positiv reagieren.

Namen

Die TTouches tragen Namen, die leicht zu merken sind, Assoziationen wecken und eine Verbindung zu den Tieren darstellen, mit denen ich gearbeitet habe. Der Wolken-Leopard-TTouch stammt z. B. von einer jungen Leopardin, die ich im Zoo von Los Angeles traf. Sie war zu jung entwöhnt worden und hatte einen neurotischen Knet- und Saugreflex, der durch die Bewusstheitsförderung mit TTouch-Kreisen an Maul und Pfoten gelindert werden konnte.

Kreisrichtung

Die kreisenden TTouches werden überwiegend in Richtung des Uhrzeigersinns ausgeführt, manchmal auch entgegengesetzt. Probieren Sie aus, was Ihrem Welpen am besten gefällt und was Ihnen am selbstverständlichsten vorkommt.

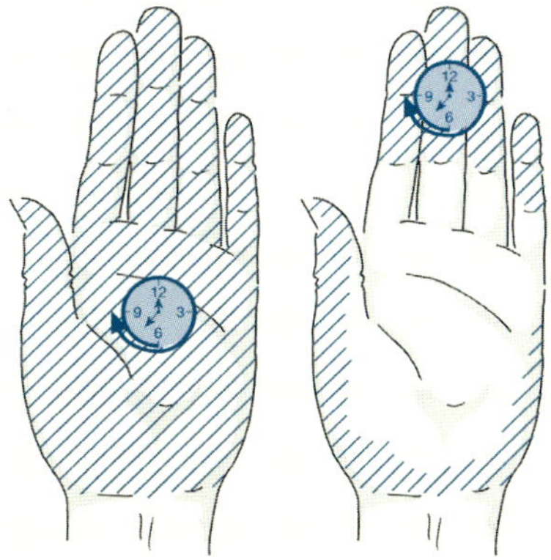

Die Uhr verdeutlicht die 1-1/4-Kreisbewegung.
Links: Muschel-TTouch,
rechts: Liegender-Leopard-TTouch.

Geschwindigkeit

Die Dauer für einen Kreis liegt zwischen einer und drei Sekunden. Nervöse Hunde benötigen oftmals 1-sekündige Kreise bei den ersten fünf bis sechs TTouches, bis sie die normale, beruhigende Kreisbewegungszeit von etwa zwei Sekunden genießen können.

Zum Aktivieren sind schnellere Kreise sinnvoll, zum Beruhigen langsamere.

Linienführung

Normalerweise empfehle ich die Ausführung der TTouches in Linien, die parallel zur Rückenlinie verlaufen. Der Abstand der Kreise zueinander hängt von der Größe des Welpen ab, je kleiner der Welpe, desto näher liegen die TTouches beieinander. Nachdem Sie einen 2-sekündigen TTouch ausgeführt haben, pausieren Sie zwei Sekunden und gleiten dann zur nächsten Stelle.

Die Linienführung der verbundenen kreisenden TTouches.

Es gibt auch die Möglichkeit, die TTouches willkürlich auf dem Körper zu platzieren – das eignet sich zur Steigerung der Aufmerksamkeit am Anfang einer Behandlung.

Druckstärken

Die meisten TTouches werden leichter ausgeführt, als man es sich vorstellt, denn meine Absicht ist es, die Zellen und das zentrale Nervensystem zu beeinflussen anstatt die Muskeln zu lockern. Ich habe eine Skala entwickelt, um Ihnen die Druckstärken des TTouch verständlich zu machen.

Es ist notwendig, die Druckstärken bei sich selbst auszuprobieren, um zu verstehen, wie sich ein leichter Kontakt auf dem Welpenkörper anfühlt. Die TTouch-Druck-Skala reicht von 1 bis 10. Für Welpen empfehle ich eine Druckstärke von 1 oder 2.

Ihren stärker bemuskelte Junghund, der über sechs Monate alt ist, können Sie mit einer Stärke von 3 ttouchen.

Um die Druckstärken kennen zu lernen, sollten Sie sie an sich selbst ausprobieren. Seit vielen Jahren erkläre ich die leichteste Druckstärke 1 anhand einer Übung, bei der das Augenlid ganz zart über den Augapfel bewegt wird. Diese Methode eignet sich aber nur für Menschen, die keine Kontaktlinsen tragen. Meine Schwester Robyn hat festgestellt,

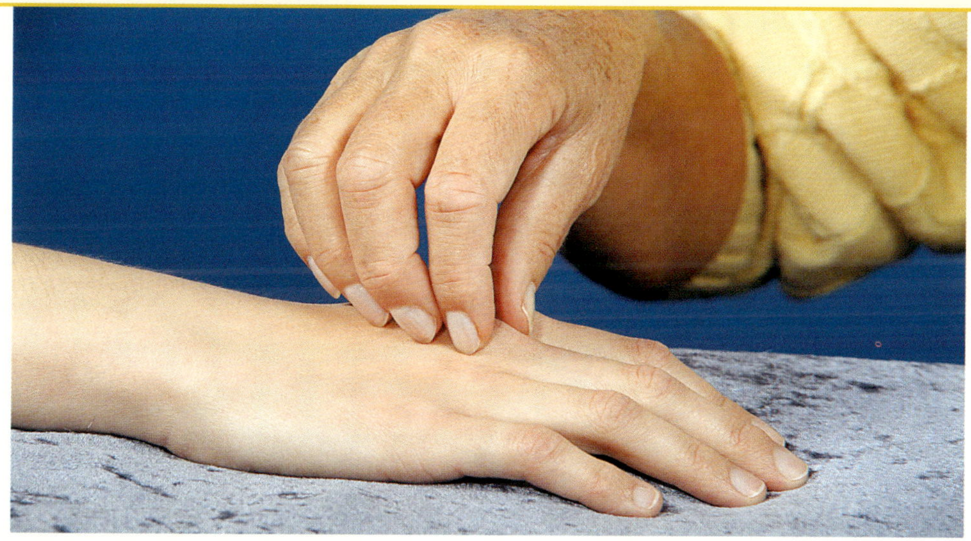

Probieren Sie TTouch bei sich selbst und bei anderen aus.

dass auch das Bewegen der zarten Haut direkt unter dem Auge oberhalb des Wangenknochens eine gute Möglichkeit ist, den leichtesten Kontakt kennen zu lernen. Probieren Sie gern beides aus.

> Stützen Sie Ihren Ellenbogen mit der anderen Hand ab. Ihr Daumen soll dabei auf Ihrem Wangenknochen ruhen. Um den sanftesten Druck herauszufinden, berühren Sie mit einem leicht gewinkelten Mittelfinger Ihr Augenlid und schieben es in einem Kreis über den Augapfel. Verwenden Sie gerade so viel Druck, dass Sie die Haut verschieben können, aber nicht über die Haut rutschen. Dies ist der Druck der Stärke 1.

> Probieren Sie diesen leichtesten Druck auf den Muskeln Ihres Unterarmes aus. Gehen Sie dann wieder zurück zu Ihrem Auge und bewegen Sie Ihr Augenlid jetzt mit so viel Druck, wie es gerade noch angenehm ist. Dies ist die Druckstärke 3.

> Übernehmen Sie den Druck 3 wieder auf Ihren Unterarm und achten Sie auf die Eindellung Ihrer Haut. Wenn Sie die Tiefe verdoppeln, erhalten Sie die Druckstärke 6. Dies ist doppelt so viel Druck, wie ich für Hunde empfehlen würde. Ich nutze Druckstärken ab 6 nur bei Menschen, die mehr Druck bevorzugen.

> Passen Sie den Druck den Reaktionen Ihres Hundes an. Normalerweise verwenden wir an nicht empfindlichen oder nicht schmerzhaften Stellen die Druckstärke 1 bis 3. Empfindliche Körperstellen behandeln wir nur mit Druckstärke 1 bis 2.

Tipps zur TTouch-Behandlung

- Machen Sie sich im Geiste ein klares Bild von dem Verhalten, das Sie sich von Ihrem Welpen wünschen.
- Respektieren Sie die Jugend Ihres Welpen, junge Hunde können sich nicht lange konzentrieren oder still halten.
- Halten Sie Ihre TTouch-Behandlungen kurz und verteilen Sie sie lieber mehrmals über den Tag, das hat eine positive Wirkung. Wenige Minuten am Tag reichen aus, um einen normalen Welpen zu einem gesunden und

Das Anlehnen an den Körper und das Halten der Schulter und des Kopfes geben Stabilität und Sicherheit.

gut sozialisierten Hund heranwachsen zu lassen.

- Geben Sie dem Welpen ein sicheres Gefühl: Er kann sich an Ihrem Körper anlehnen, auf Ihrem Schoß liegen, oder halten Sie ihn in Ihren Armen.
- Manche Welpen legen sich beim TTouch gern entspannt hin, manche fühlen sich am Anfang sicherer im Stehen oder Sitzen. Manchmal müssen Sie den Welpen anfangs am Halsband ruhig halten, damit Sie jeden Zentimeter seines Körpers ttouchen können.

Unruhige Welpen werden für kurze Zeit mit dem Daumen am Halsband stabilisiert.

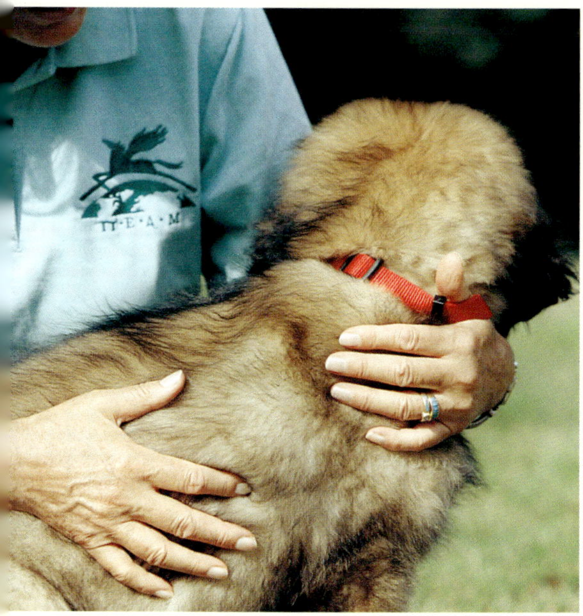

- Für kleine Welpen ist es hilfreich, sie auf einer weichen Unterlage auf einem Tisch zu ttouchen, während Sie bequem seitlich zum Hund auf einem Stuhl sitzen.
- Machen Sie es sich selbst so bequem wie möglich, halten Sie Ihre Handgelenke gerade und Ihre Finger flexibel. Atmen Sie gleichmäßig.
- Reagieren Sie auf die Reaktionen des Welpen. Wählen Sie eine Handhaltung, die Ihr Hund mag.
- Verändern Sie Druck und Geschwindigkeit oder wechseln Sie zu einer anderen Körperstelle, wenn Sie merken, dass der Hund unwillig reagiert.
- Wenn Sie Bereiche finden, wo Ihr Welpe wiederholt nicht berührt werden will und sich gegen den Kontakt wehrt, sollte Ihr Tierarzt untersuchen, ob Ihr Welpe gesund ist.
- Wenn sich Ihr Welpe im Zahnwechsel befindet, sollten Sie Ihre Hände mit Handschuhen vor den spitzen Zähnen schützen. Bringen Sie Ihrem Welpen bei, ein Kauspielzeug oder einen Seilknoten zu benutzen, um das Kaubedürfnis zu befriedigen.
- Um einen unruhigen Welpen zu beruhigen, stabilisieren Sie ihn sanft. Umfassen Sie behutsam mit einer Hand die Schulter, ohne Druck auszuüben. Der Daumen der anderen Hand hält den Welpen am Halsband.

Tellington-TTouches für Welpen

- Kreisende TTouches 26
- Streichende und hebende TTouches 34
- Körperteil-TTouches 41

Kreisende Tellington-TTouches

Durch die kreisenden TTouch-Bewegungen können Sie Vertrauen und Entspannung fördern und Stress und Angst reduzieren. Wenige Minuten TTouches am Tag reichen aus, um Bewusstheit, Lernfähigkeit und Kooperation Ihres Welpen zu steigern.

Das Ziel aller Körperarbeit mit den TTouches ist es, die Funktion und Lebenskraft der Zellen des ganzen Körpers zu aktivieren, um Ihren Hund sein Leben lang glücklich und gesund zu halten. Bei den kreisenden TTouches bewegen Sie die Haut mit den Fingern oder der Hand in einem 1-1/4-Kreis im Uhrzeigersinn herum.

Wolken-Leopard-TTouch

Wohltuend, entspannend und vertrauensbildend

Der Wolken-Leopard-TTouch ist der Basis-TTouch, aus dem sich die anderen kreisenden TTouches entwickelt haben. Die leicht gekrümmten Finger werden mit geringem Druck bewegt. Die gebräuchlichste Geschwindigkeit für einen Kreis beträgt zwei Sekunden mit einem Druck der Stärke 1 bis 3.

Ihr Welpe entwickelt Vertrauen und die Bereitschaft zur Zusammenarbeit. Besonders bewährt hat sich dieser TTouch zur Entspannung und zur Steigerung des Körpergefühls. Er hilft Ihrem Welpen, sich an verschiedene Lebenssituationen zu gewöhnen, zum Beispiel an das neue Zuhause oder ans Autofahren.

Wolken-Leopard-TTouches am Kopf schaffen Vertrauen.

Die Finger bewegen die Haut sehr sanft und kontrolliert, sodass kein Druck durch das Gewicht der Hand ausgeübt wird.

So geht's

Platzieren Sie Ihre Hand leicht gewölbt auf dem Fell und bewegen Sie mit Ihren nah beieinander liegenden Fingern die Haut in einem vollen Kreis plus einem Viertel herum.

Die in der Zeichnung schraffierten Bereiche der Finger haben Kontakt mit dem Fell. Der Daumen hat nur eine sehr leichte Verbindung mit dem Fell.

Halten Sie Ihre Gelenke entspannt und bequem, damit Finger, Hand, Arm und Schultern weich und beweglich sein können. Ihre andere Hand stabilisiert sanft den Welpen.

Sie starten bei 6 Uhr (6 Uhr zeigt in Richtung Boden), drehen einmal ganz herum und ein wenig weiter, bis Sie zwischen 8 Uhr und 9 Uhr angekommen sind. Hier pausieren Sie zwei Sekunden.

Wenn Sie einen Kreis beendet haben, verbinden Sie ihn mit dem nächsten, indem Sie sehr sanft ein Stück auf dem Fell weitergleiten und neu beginnen (siehe auch Seite 20).

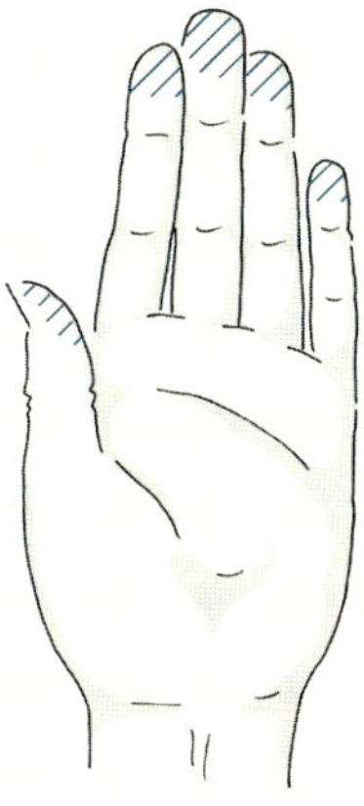

Liegender-Leopard-TTouches sind einer der Basis-TTouches zur Entspannung.

Liegender-Leopard-TTouch

Für eine tiefere Verbindung

Die beim Liegenden-Leopard-TTouch flach auf dem Körper liegende Hand erzeugt Wärme und wirkt entspannend. Die Finger der flachen Hand werden mit sanftem Kontakt zum Körper und ohne Einfluss durch das Eigengewicht der Hand kreisförmig bewegt – durch diese sanften Berührungen wird das Vertrauen zwischen Ihnen und Ihrem Welpen vertieft.

Die übliche Druckstärke ist 1 bis 2 mit einer Geschwindigkeit von zwei Sekunden.

So geht's

Platzieren Sie Ihre Hand sanft und flach auf dem Fell und bewegen Sie mit Ihren Fingern die Haut in einem 1-¼-Kreis herum. Die in der Zeichnung schraffierten Teile der Hand haben normalerweise Kontakt mit dem Fell. In manchen Fällen, z. B. am Bein oder am Kopf, können Sie den Handballen nicht mit auflegen, da Sie sonst Ihr Handgelenk nicht gerade und entspannt halten können. Ihre andere Hand stabilisiert behutsam den Hundekörper.

Beginnen Sie bei 6 Uhr und schieben Sie die Haut einmal im Uhrzeigersinn herum und weiter bis zu einem Punkt zwischen 8 und 9 Uhr. Nach einer Pause von zwei Sekunden gleiten Sie zum nächsten TTouch weiter.

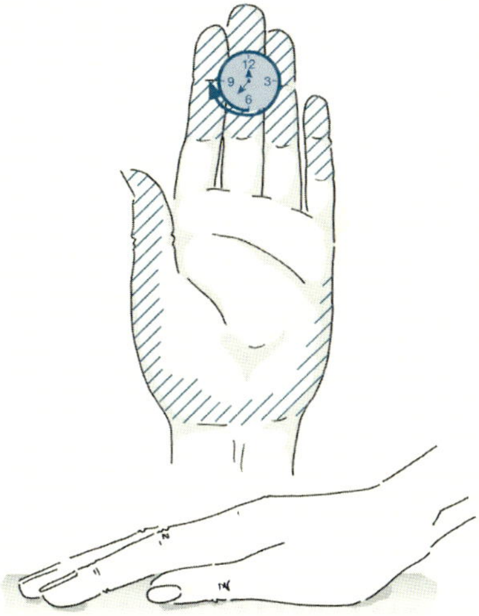

Rund um das Maul sind Liegender-Leopard-TTouches zum Vertrauensaufbau wirkungsvoll.

Waschbär-TTouch

Für Maul, Pfoten und kleine Körperteile

Für die Behandlung von Maul, Lippen und Pfoten sowie für sehr kleine Welpen ist der Waschbär-TTouch ideal. Manchmal kommt es auch darauf an, auf kleinräumige Bereiche einzuwirken, zum Beispiel bei Verletzungen, Narben oder Juckreiz. Mit dem Waschbär-TTouch werden Schmerzen, Brennen oder Jucken verringert. Es können außerdem Heilungsprozesse beschleunigt und mehr Bewusstheit in die betroffenen Regionen gebracht werden.

Führen Sie die Kreisbewegung kleinräumig und mit sehr leichtem Kontakt aus.

Der Waschbär-TTouch wird mit minimalem Druck ausgeführt, also Druck von 1 bis 2. Die gebräuchlichste Geschwindigkeit für einen 1-¼-Kreis beträgt zwei Sekunden.

So geht's

Beugen Sie Ihre Fingerspitzen in einem Winkel von etwa 90 Grad und bewegen Sie die Haut in einem winzigen 1-¼-Kreis herum. Der Waschbär-TTouch wird mit minimalem Kontakt ausgeführt. Meistens hat der Daumen keinen oder sehr leichten Kontakt zum Fell.

Um den Kontakt sanft und fließend zu halten, sollte der Handballen nicht aufliegen. Die andere Hand stabilisiert und hält den Welpen behutsam, damit der Welpe ein sicheres Gefühl bekommt.

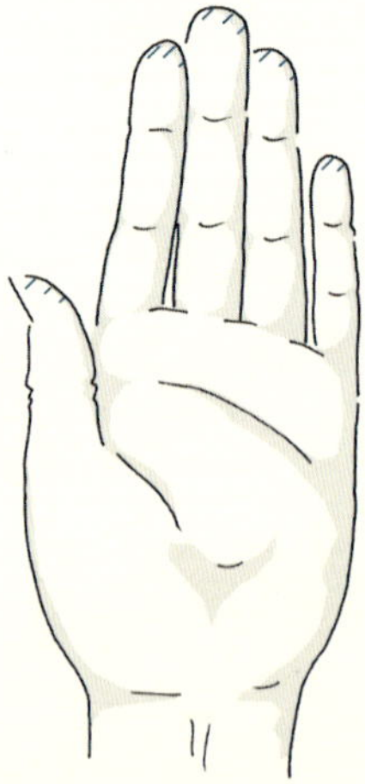

Beim Waschbär-TTouch bewegen nur die Fingerspitzen die Haut.

Muschel-TTouch

Für sensible, schüchterne und größere Welpen

Der Muschel-TTouch ist ideal für sensible, schüchterne oder große Welpen, da die flach aufliegende Hand Wärme und

Muschel-TTouch bringt Ruhe, Geborgenheit und Sicherheit.

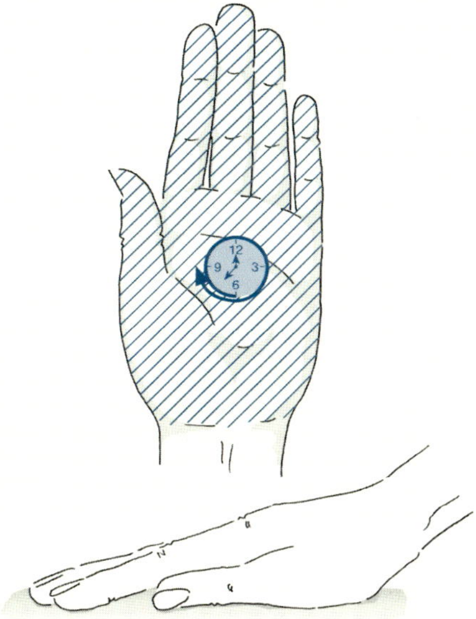

Beim Muschel-TTouch bewegt die ganze Hand die Haut.

Sicherheit vermittelt. Nervöse Tiere kann man mit dem Muschel-TTouch beruhigen und entspannen. Welpen, die empfindlich auf Berührungen oder das Bürsten reagieren, können mithilfe des Muschel-TTouches Angst und Widersetzlichkeiten überwinden. Übliche Druckstärke ist 1 bis 2 bei einem 2-sekündigen TTouch-Kreis.

So geht's

Beim Muschel-TTouch legen Sie Ihre Hand auf den Körper, sodass Sie einen sanften Kontakt mit der ganzen Handfläche aufnehmen können. Der ganze Handteller bewegt die Haut im üblichen 1-1/4-Kreis.

Der Aufgerollte-Python-TTouch sorgt für mehr Aufmerksamkeit und ein sicheres Körpergefühl.

Aufgerollte-Python-TTouch

(auch Kombinierter TTouch genannt)

Dieser TTouch ist eine Kombination aus einem kreisenden TTouch mit einem Python-TTouch. Meist verwendet werden Liegender-Leopard-TTouch mit Python-TTouch. Die Kreisbewegung erzeugt Aufmerksamkeit, der anschließende Python-TTouch vertieft die Atmung und entspannt.

So geht's

Am Ende der Kreisbewegung, z. B. eines Liegender-Leopard-TTouch (siehe Seite 28), heben Sie die Haut mit der flachen Hand bei 9 Uhr senkrecht nach oben, pausieren dort einen Moment und bewegen die Haut anschließend wieder zum Ausgangspunkt bei 9 Uhr zurück (Python-TTouch siehe auch Seite 34).

Liegender-Leopard-TTouch plus Python-TTouch.

Lama-TTouch

Für unsichere, verschüchterte Welpen

Der Lama-TTouch wird mit dem Rücken der Finger ausgeführt, was besonders von sensiblen und ängstlichen Welpen als weniger bedrohlich empfunden wird. Hilfreich ist dieser TTouch auch für Menschen, deren Finger nicht mehr so beweglich sein können. Diesen TTouch verwenden Sie zur Begrüßung und zur Einführung am Anfang bei Jungtieren, bis sie Vertrauen in Sie und Ihre Berührungen gefasst haben und Sie auch andere TTouches anwenden können. Druckstärke 1 bis 2 mit einer Geschwindigkeit von zwei Sekunden.

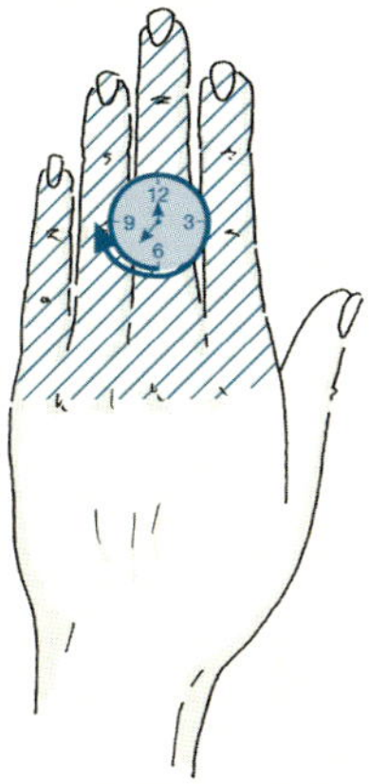

So geht's

Beim Lama-TTouch benutzen Sie den Rücken der Finger, um damit den 1-1/4-Kreis auszuführen. Beginnen Sie wie üblich bei 6 Uhr und schieben Sie die Haut in einem 1-1/4-Kreis herum, um dann zum nächsten Kreis zu gleiten.

Streichende und hebende Tellington-TTouches

Bei den streichenden und hebenden TTouches bewegen Sie eine oder beide Hände über das Fell. Mithilfe dieser TTouches aktivieren Sie die Durchblutung und machen Ihrem Welpen seine Körperproportionen bewusster. Diese TTouches wirken auch entspannend und regulierend auf die Atmung.

Die streichenden und hebenden TTouches erzeugen eine vertraute Verbindung zwischen Welpe und Mensch und eignen sich für eine freundliche und sanfte Kontaktaufnahme.

Python-TTouch

Entspannend, verbindend und durchblutungsfördernd

Python-TTouches sind für die Entspannung, die Verbindung im Körper und die Blutzirkulation förderlich. Durch Python-TTouches an den Beinen wird die Durchblutung verbessert und Unsicherheit abgebaut. Sie steigern außerdem die Beweglichkeit, die körperliche und emotionale Balance und das Gangvermögen.

Die Druckstärke beträgt wie üblich bei Welpen 1 bis 2.

Der Python-TTouch wird auch mit kreisenden TTouches zum Aufgerollten-Python-TTouch kombiniert (siehe Seite 32), um zusätzlich die Aufmerksamkeit des Welpen zu fördern.

Python-TTouches am rechten Bein hinunter.

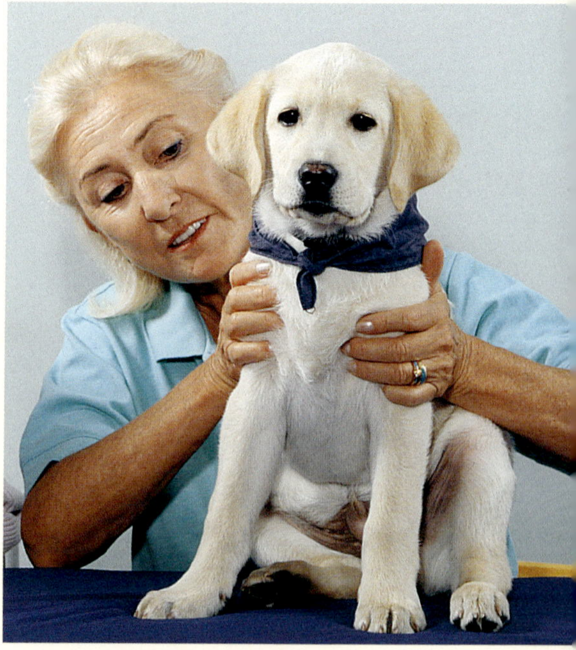

So geht's

Fassen Sie die Haut mit der ganzen Hand, wenn Sie am Rumpf ttouchen, und heben Sie die Haut sanft und langsam nach oben. Am Bein heben Sie so viel Haut, wie Sie mit den Fingern fassen können. Halten Sie die Haut ein paar Sekunden oben und bewegen Sie sie langsam wieder an den Ausgangspunkt zurück. Behalten Sie den gleichen Kontakt. Wenn Ihr Welpe sehr energievoll ist, halten Sie die Haut länger oben und lassen Sie sie doppelt so langsam wieder hinunter, um die Entspannung zu vertiefen.

Wenn Sie den Python-TTouch an den Beinen machen, wandern Sie jeweils einen Fingerbreit weiter nach unten, bis Sie an der Pfote angekommen sind.

Wenn Sie am Rumpf arbeiten, führen Sie die Python-TTouches in gleichmäßigen Abständen nebeneinander in parallelen Linien am Körper entlang

Streichende und hebende TTouches

- Python-TTouch
- Lecken der Kuhzunge
- Noahs Marsch
- Tarantel-TTouch
- Haargleiten
- Regenwurm-TTouch

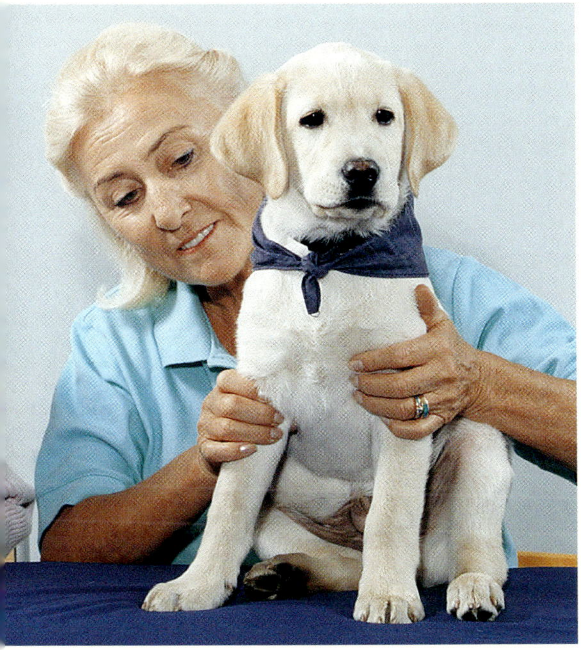

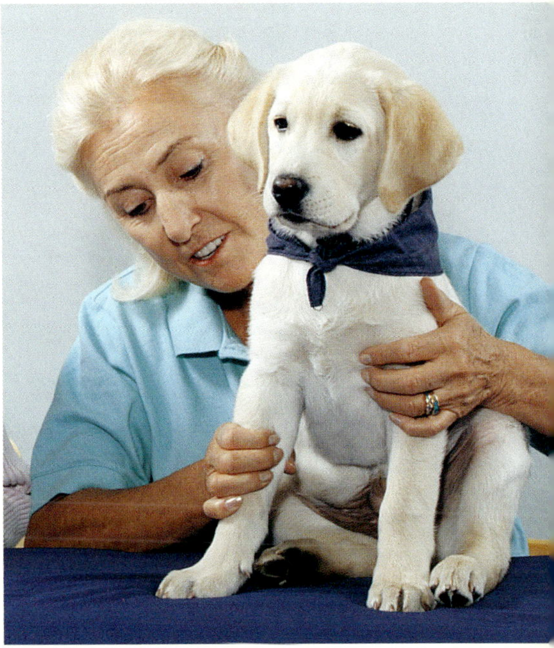

Lecken der Kuhzunge

Für mehr Körperbewusstheit

Das Lecken der Kuhzunge ist ein langgezogener, über den Körper gestrichener TTouch. Er wirkt entspannend, regt die Durchblutung an und verbessert das Bewusstsein für den Körper. Weil Sie sanft quer zum Fell oder gegen die Fellrichtung streichen, empfinden Hunde diesen TTouch als sehr angenehm. Wandern Sie in verschiedenen Strichführungen über den Körper des Hundes, zum Beispiel vom Bauch zum Rücken oder quer über die Schulter, und beeinflussen Sie sein Wohlbefinden positiv.

So geht's

Beginnen Sie unten am Bauch und fahren Sie mit Ihren gespreizten und leicht gekrümmten Fingern langsam durch das Fell bis zum Rücken.

Halten Sie die Finger locker und machen Sie eine leichte, möglichst fließende Bewegung.

Beginnen Sie die nächsten Striche jeweils eine Handbreit weiter hinten am Bauch, bis Sie an den Hinterbeinen angekommen sind. An der Hinterhand können Sie einen anderen Verlauf über den Oberschenkel und das Becken machen.

Die Abstände der Strichführungen hängen von der Größe des Hundes ab. Arbeiten Sie so, dass Sie den ganzen Körper abstreichen.

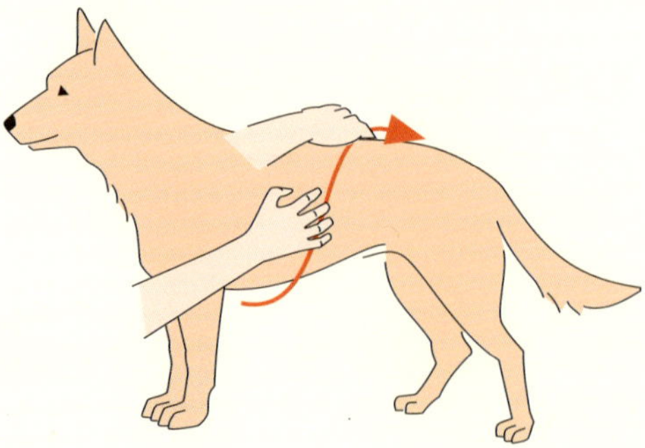

Noahs Marsch

Zur Kontaktaufnahme und zum Abschluss der Behandlung

Noahs Marsch ist der TTouch, mit dem Sie die Körperbehandlung beginnen und abschließen können. Durch das lang gezogene, beruhigende Streichen in der Fellrichtung können Sie sich auch mit einem fremden Welpen oder Hund bekannt machen. Eine Körperbehandlung wird oft mit Noahs Marsch beendet, weil Sie durch das Streichen über den ganzen Körper alle Bereiche miteinander verbinden. Wenn Sie Ihren Welpen nur einige wenige Minuten ttouchen, brauchen Sie nicht mit Noahs Marsch beginnen oder enden.

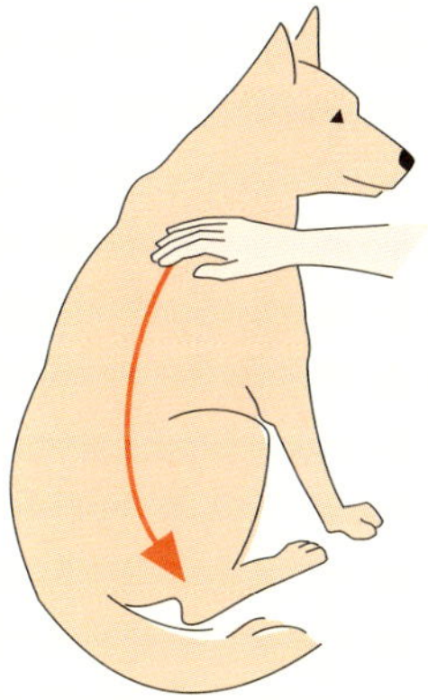

So geht's

Halten Sie Ihre Hand weich und geschmeidig, sodass Sie den Konturen des Körpers folgen können. Streichen Sie mit lockeren Fingern gefühlvoll über den Körper. Bevor Sie mit einem fremden Welpen beginnen, machen Sie einige ruhige, langsame und kürzere Noahs-Marsch-Striche, um einen Kontakt herzustellen. Für die erste Begegnung benutze ich für Noahs Marsch oft den Lama-TTouch oder einen Fellhandschuh.

Falls Sie mit einem neuen Hund arbeiten, der schüchtern oder scheu ist oder schlechte Erfahrungen gemacht hat, nähern Sie sich ihm von der Seite und nicht direkt von vorn. Falls der Welpe Ihnen erlaubt, sich von vorn zu nähern, sollten Sie Ihren Kopf abwenden und Ihren Körper seitlich drehen. Sprechen Sie ihn mit weicher, ruhiger Stimme und sanftem Blick an und beugen Sie sich etwas nach vorn. Laden Sie Ihren Welpen ein, zu Ihnen zu kommen. Ihre Körpersprache hat eine beruhigende Wirkung, sodass sich Ihr Welpe wohl fühlen kann.

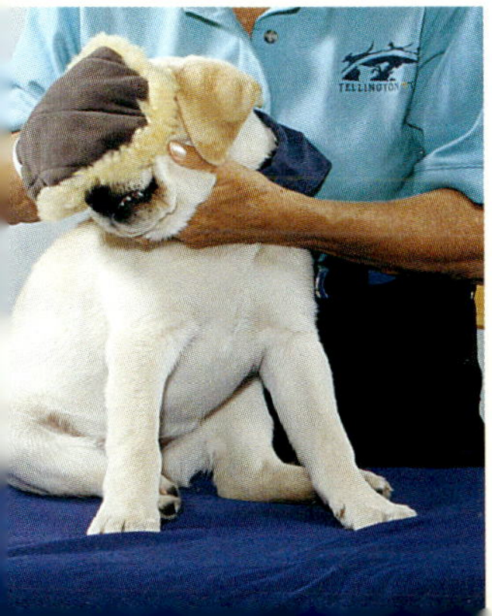

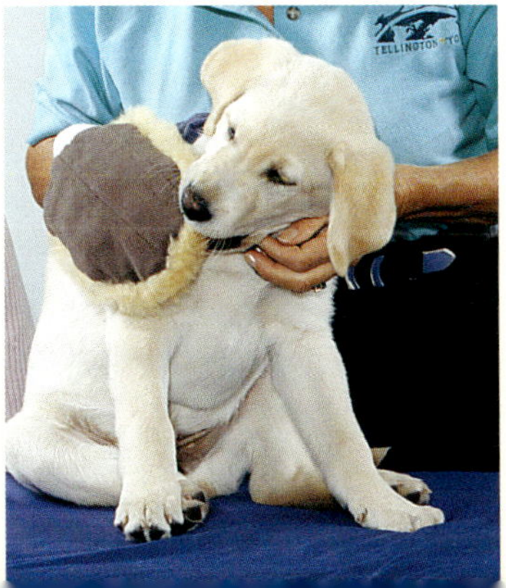

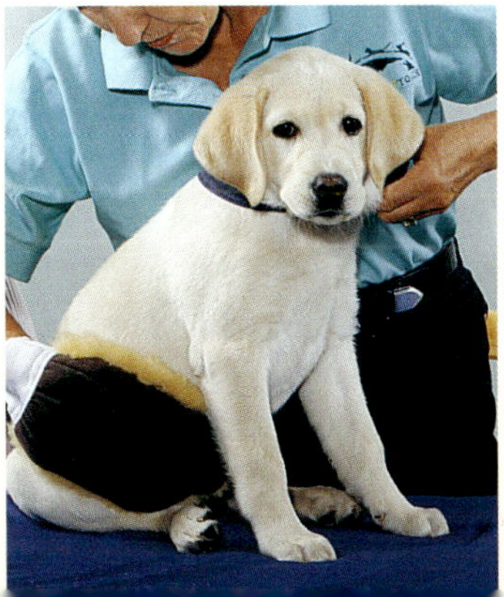

Tarantel-TTouch

Sensibilisierend, durchblutungsfördernd und angenehm

Der Tarantel-TTouch ist eine abgewandelte, leichtere Form des Hautrollens. Er reduziert Berührungsempfindlichkeit, steigert die Durchblutung und ist hilfreich für Welpen, die kein gutes Körpergefühl haben. Mithilfe dieses TTouches verbessern Sie außerdem das Vertrauensverhältnis zu Ihrem Hund. Wenn Ihr Welpe den Tarantel-TTouch kennen gelernt hat, wird er ihn lieben. Er ist eine gute Wahl, um einen kurzen Moment mit angenehmem Kontakt zu teilen.

So geht's

Setzen Sie beide Hände nebeneinander mit sanftem Kontakt der Finger und der Daumen auf das Fell auf. Die Fingerspitzen zeigen nach vorn in die Bewegungsrichtung, die Daumen sind zur Seite gerichtet und können sich leicht berühren. Machen Sie nun mit beiden Zeigefingern gleichzeitig einen Schritt von ca. 3 cm nach vorn und ziehen Sie die Daumen leicht wie einen Pflug hinterher. Die Haut, die sich vor Ihren Daumen befindet, wird dabei sanft gerollt.

Als Nächstes bewegen Sie die Mittelfinger gemeinsam einen Schritt vor. Zeigefinger und Mittelfinger wechseln sich bei jedem Schritt ab. Die Daumen werden dabei immer hinterhergezogen und es entsteht eine gleichmäßige, fließende Bewegung.

Wenn Sie mit beiden Händen über den Rücken von den Hüften bis zum Kopf wandern, sollten die Daumen links und rechts sanft neben der Wirbelsäule entlang streichen. Einen kleinen Welpen können Sie auch mit einer Hand ttouchen.

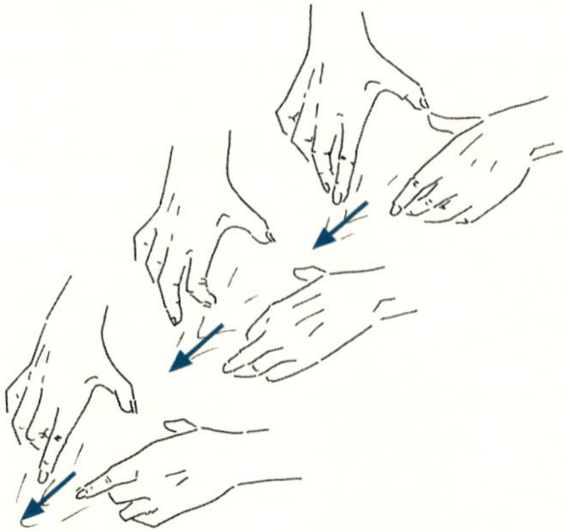

Haargleiten

Entspannend und vorbereitend auf Bürsten und Trimmen

Das Haargleiten ist ein weiterer Weg, um eine Verbindung zu Ihrem Hund aufzubauen. Es wirkt entspannend auf Sie und den Hund. Das Haargleiten ist eine angenehme und gute Erfahrung und somit hilfreich für Welpen, die auf das Bürsten und Trimmen vorbereitet werden oder Angst vor der Fellpflege haben.

So geht's

Ziehen Sie einen Haarbüschel langsam und sanft zwischen Daumen und Zeigefinger hindurch oder benutzen Sie bei langhaarigen Hunden die Fingerzwischenräume der flachen Hand, um an vielen Haaren von der Basis bis zur Spitze entlanggleiten zu können. Dabei fahren Sie mit der Hand in das Fell, nehmen die Haare zwischen Ihre Finger und gleiten langsam in einem Winkel von ca. 90 Grad zu den Haarwurzeln an den Haaren entlang. Beginnen Sie so dicht an der Haarwurzel wie möglich und folgen Sie der Fellrichtung.

Bei langhaarigen Welpen können Sie zum Haargleiten auch eine kreisende Bewegung des Haarbüschels ergänzen, den Sie zwischen Daumen und Zeigefinger halten. Bewegen Sie den Haarbüschel in einem Kreis und einem Viertel im Uhrzeigersinn herum und gleiten Sie dann an den Haaren bis zur Spitze entlang.

Wenn Sie das Haargleiten langsam und weich ausführen, dann werden Sie feststellen, dass es nicht nur beruhigend und wohltuend für Ihren Hund ist, sondern auch für Sie.

Haargleiten am Rücken ist angenehm und entspannend für Welpe und Mensch.

Regenwurm-TTouch

Gegen Empfindlichkeiten und Verspannungen

Der Regenwurm-TTouch erinnert mich an die Bewegungen eines Regenwurms, der sich vorwärts bewegt, daher der Name. Dieser TTouch ist hilfreich für Welpen, die empfindlich und nervös sind, nicht hochgehoben werden mögen oder ängstlich gegenüber Fremden sind. Der Regenwurm-TTouch kann auch helfen, verspannte Schulter- oder Rückenbereiche wieder zu entspannen.

So geht's

Legen Sie beide Hände mit einem Abstand von fünf bis zehn Zentimetern zueinander auf den Rücken Ihres Welpen. Achten Sie darauf, nur so leichten Kontakt zu haben, dass Sie die Haut zusammenschieben können. Sie bewegen nun beide Hände gleichzeitig und schieben die Haut mit den Händen sanft und langsam zusammen. Dann pausieren Sie kurz und bewegen anschließend die Haut wieder zurück in ihre Ausgangsposition. Das Auseinanderführen der Hände soll dabei doppelt so lange dauern wie das Zusammenschieben, denn dies ist die entspannende Bewegung. Wiederholen Sie dies an verschiedenen Stellen. Vergessen Sie nicht, Ihre Hände weich und sanft zu benutzen und die Bewegungen mit Ihrer Atmung zu begleiten.

Zuerst werden die Hände sanft zusammengeschoben, danach wieder in die Ausgangsposition zurückbewegt.

Körperteil-TTouches

Die Körperteil-TTouches werden an bestimmten Körperteilen ausgeführt, wie zum Beispiel an den Ohren, an der Rute oder an den Beinen. Je nach Körperteil werden dabei kreisende oder streichende Berührungen ausgeführt oder auch Veränderungen in der Körperhaltung bewirkt. Der Ohren-TTouch zum Beispiel dient der Beruhigung und hilft bei Schock und Verletzungen. Ruten- und Maul-TTouches beeinflussen die Emotionen und bewirken Verhaltensveränderungen. Das Bauchheben wirkt gegen Stress und Kolik und auf die Atmung positiv.

Maul-TTouch

Um die Emotionen zu beeinflussen

Berührungen am und im Maul wirken auf das limbische System im Gehirn, das die Emotionen kontrolliert und Lernprozesse steuert. Maul-TTouches sind also in allen Fällen hilfreich, vor allem aber bei Angst, Stress, Nervosität, Hyperaktivität oder unkontrolliertem Bellen und Winseln. Und so erstaunlich es klingen mag: Viele Hunde, die schnappen, beißen oder sich aggressiv gegenüber anderen Hunden verhalten, reagieren besonders positiv auf die Maul-TTouches und verändern ihr Verhalten. Maul-TTouches verbessern bei allen Welpen das emotionale Befinden. TTouches am Maul fördern auch die Gesundheit des Zahnfleisches und

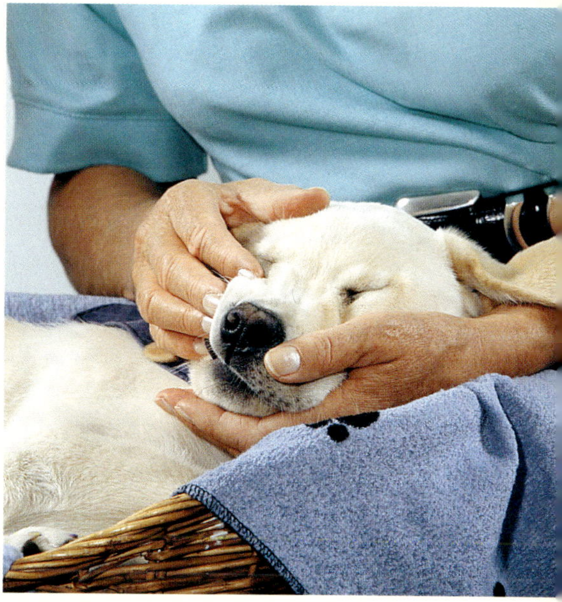

Liegender-Leopard-TTouch außen an den Lefzen und am Zahnfleisch, die andere Hand stabilisiert sanft den Kopf.

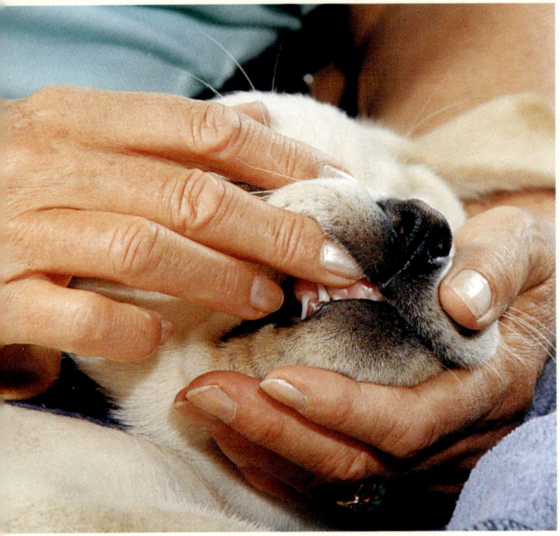

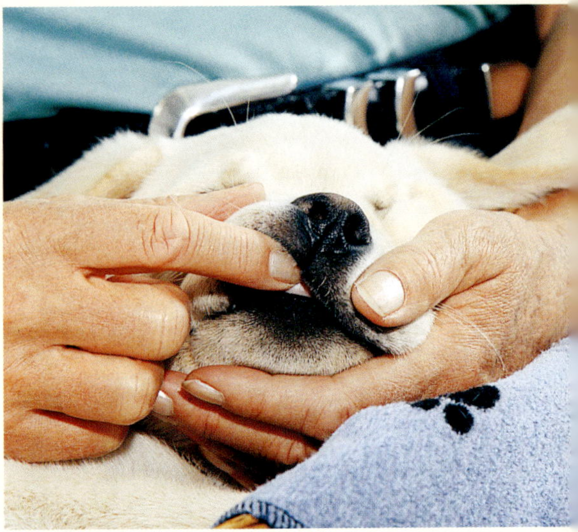

Winzige Waschbär-TTouches am Zahnfleisch mit dem Mittelfinger. Die andere Hand unterstützt behutsam das Maul des Welpen.

bereiten den Welpen auf die Untersuchung durch den Tierarzt oder Richter bei einer Hundeausstellung und das Zähneputzen vor.

Sie wirken auch hilfreich und lindernd beim Zahnwechsel. Während des Zahnwechsels haben viele Welpen das Bedürfnis, an Gegenständen herumzukauen. Maul-TTouches fördern die Durchblutung des Zahnfleisches und verringern Zahnwechselbeschwerden.

So geht's

Beginnen Sie mit Liegender-Leopard-TTouches außen an den Lefzen. Mit der anderen Hand unterstützen Sie den Hundekopf. Wandern Sie mit Ihrer Hand weiter in Richtung Nase und machen Sie weiterhin Liegender-Leopard-TTouches, um Ihren Welpen an die sanften Berührungen außen an der Schnauze zu gewöhnen.

Gleiten Sie je nach Größe des Welpen mit einem oder zwei Fingern unter die Lefzen, streichen Sie auf dem Zahnfleisch entlang und machen Sie auch dort sanfte Waschbär-TTouches auf jedem Zentimeter des Zahnfleisches. Waschbär-TTouches am Zahnfleisch helfen bei Problemen beim Zahnwechsel und halten das Zahnfleisch gesund.

Hilfreich kann es sein, die Finger mit lauwarmem Wasser anzufeuchten, bevor Sie das Zahnfleisch berühren.

Ohren-TTouch

Beruhigend, schmerzlindernd und für Notfälle

Ohren-TTouch ist einer der wichtigsten TTouches. Das Wissen, dass man über die Ohren auf Körper und Organe einwirken kann, ist uralt und wird z. B. bei der Akupunktur erfolgreich angewandt. Bei einem Schock kann es passieren, dass der Kreislauf zusammenbricht. Das Ausstreichen der Ohren nach einem Unfall, bis tierärztliche Hilfe für den Hund verfügbar ist, oder vor und nach einer Operation stabilisiert den Kreislauf und kann Leben retten. Ohren-TTouches sind auch effektiv, um Schmerzen zu lindern oder hyperaktive Hunde zu beruhigen. Oft kommen Welpen, die die Ohren-TTouches kennen gelernt haben, von selbst, um sie sich von ihren Besitzern „abzuholen".

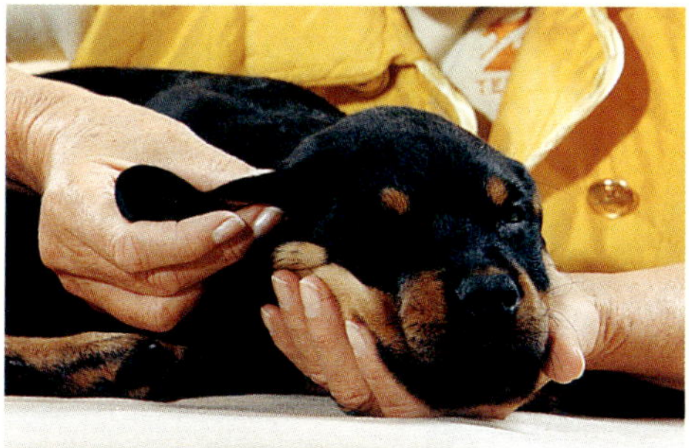

Kreisende TTouches auf der Ohrunterseite.

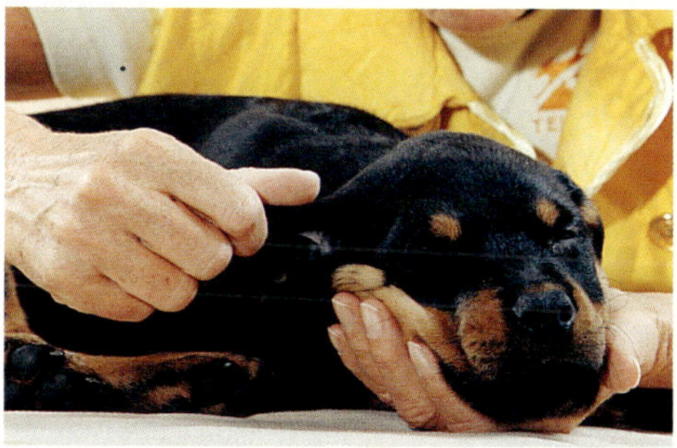

Das Ausstreichen des Ohres mit der Hand.

So geht's

Stabilisieren Sie mit einer Hand den Kopf des Hundes, schauen Sie dabei in die gleiche Richtung wie Ihr Welpe. Umfassen Sie das gegenüberliegende Ohr mit dem Daumen und den Fingern der anderen Hand, sodass der Daumen oben liegt.

Fahren Sie sanft mit dem Daumen von der Mitte des Kopfes über den Ohrenansatz bis zur Ohrspitze. Gleiten Sie bei jedem Ausstreichen über eine andere Stelle des Ohres, sodass Sie jeden Quadratzentimeter des Ohres abdecken. Streichen Sie Schlappohren zur Seite aus; wenn Ihr Hund Stehohren hat, streichen Sie nach oben. Wenn Sie das andere Ohr ausstreichen wollen, wechseln Sie Ihre Hände.

Hat Ihr Hund lange Schlappohren, dann unterstützen Sie das Ohr mit der Hand. Sie sollen das Ohr nicht ziehen, sondern sanft über das Fell streichen.

Wenn Sie einem Hund mit Schmerzen oder Schock helfen wollen, gleiten Sie schneller und eventuell etwas kräftiger über das Ohr. Wenn Sie Ihren Hund entspannen wollen, machen Sie das Ausstreichen langsam und sanft.

Bauchheben mit einer Hand am Brustkorb.

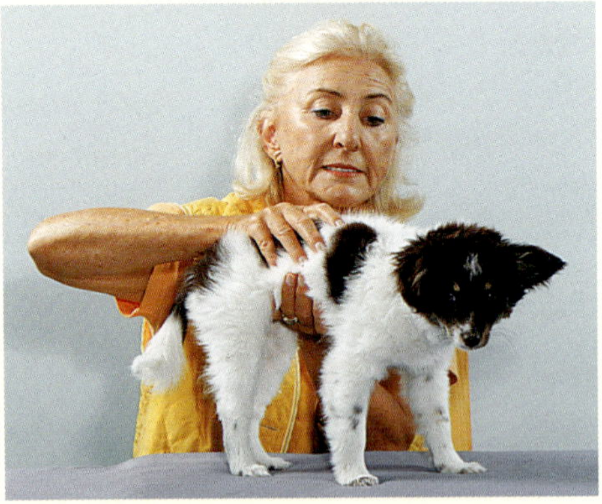

Die rechte Hand stabilisiert oben am Rücken.

Bauchheben mit Bandage.

Bauchheben

Stressabbauend, krampflösend und entspannend

Beim Bauchheben entspannen Hunde ihre Bauchmuskeln, vertiefen ihre Atmung, und Krämpfe lösen sich. Es ist besonders wirksam bei Verdauungsproblemen und nervösen Hunden, auch tragende Hündinnen genießen diesen TTouch sehr.

Das Bauchheben können Sie auf verschiedene Weise machen: entweder mit einer oder beiden Händen oder mit einem Tuch oder einer Bandage. Bei beiden Methoden kommt es darauf an, langsam und mit sanftem Kontakt einzuwirken.

So geht's

Bewegen Sie die Hand oder die Bandage in sechs Sekunden nach oben und behalten Sie den Kontakt dann etwa sechs Sekunden lang bei. Lassen Sie anschließend ganz langsam in zehn Sekunden wieder nach. Das Loslassen ist das Wichtigste beim Bauchheben und hat den größten Effekt.

Beginnen Sie am Brustkorb und wandern Sie je eine Handbreit weiter nach hinten, bis Sie bei den Hinterbeinen angekommen sind, um Ihren Welpen zu entspannen.

Wenn Ihr Welpe empfindlich reagiert, beginnen Sie hinter den Rippen.

Sanftes Rotieren der Rute im Uhrzeigersinn …

… und gegen den Uhrzeigersinn entspannt den Welpen.

Ruten-TTouch

Reduziert Angst und Aggressionen

Durch Ruten-TTouches können Sie Ihren Welpen von Angst, einschließlich vor lauten Geräuschen, von Unterwürfigkeit, Unsicherheit und Aggressionen befreien.

Kleine, sanfte Kreise und ganz sanftes Dehnen der Rute können Verbesserungen bei Hüftgelenkdysplasie bringen.

Es gibt rassetypische Unterschiede in der Haltung der Rute, aber bei vielen Rassen kann man den Gemütszustand des Hundes an der Haltung und Beweglichkeit der Rute ablesen. Wenn ein Hund mit entspannter Rute wedelt, spricht das für gute Laune und Freude. Wedelt er allerdings ständig und extrem, deutet das auf Nervosität, Hyperaktivität oder Unsicherheit hin. Oftmals wird solches Verhalten gar nicht als problematisch wahrgenommen, aber ich glaube, es spricht für eine Unsicherheit des Welpen, die mit TTouch erfolgreich verändert werden kann.

Kreisende TTouches auf jedem Zentimeter der Rute.

Vorsichtiges Dehnen verbessert das Körpergefühl, die linke Hand stabilisiert die Schulter.

Eine eingeklemmte Rute verkörpert Angst und Unterwürfigkeit; eine steife, ruhig und höher gehaltene Rute deutet auf Dominanzverhalten oder Aggressionen hin. Aber wie auch immer die Rute getragen wird, wenn Sie es erreichen, dass Ihr Welpe seine Rute entspannt hält, können Sie auch das Verhalten Ihres Hundes beeinflussen.

So geht's

Kreisende TTouches wie Waschbär-TTouch oder Wolken-Leopard-TTouch sind eine gute Möglichkeit, die Behandlung der Rute zu beginnen. Beginnen Sie an der Rutenbasis und machen Sie verbundene TTouches bis zur Schwanzspitze. Auch die Rutenunterseite sollten Sie behandeln.

Ein weiterer wichtiger Ruten-TTouch ist das Kreisen der Rute, wobei die Hand die Rute nah an der Basis umfasst. Die Rute wird vorsichtig zwischen Daumen und Zeige- und Ringfinger in beide Richtungen rotiert. Wechseln Sie nach jeder Kreisbewegung die Richtung, also einmal im Uhrzeigersinn, dann wieder gegen den Uhrzeigersinn.

Beim sanften Dehnen umfassen Sie die Rute mit einer Hand nah an der Basis. Bauen Sie vorsichtig und gleichmäßig sanften Zug auf, pausieren Sie in dieser Position und geben Sie langsam wieder nach.

Körperteil-TTouches

- Maul-TTouch
- Ohren-TTouch
- Bauchheben
- Ruten-TTouch
- Pfoten-TTouch

Pfoten-TTouch

Krallenschneiden und Balance

Pfoten-TTouches sind eine gute Vorbereitung für das Krallenschneiden, damit wird es ein Hundeleben lang unproblematisch sein. Sie sind außerdem hilfreich für Hunde, die schüchtern oder unsicher sind, weil sie kein gutes Körpergefühl in ihren Beinen haben. Auch für Welpen, die sich auf glatten oder rutschigen Böden unwohl fühlen, bewähren sich Pfoten-TTouches. Das Behandeln der Pfoten wirkt positiv auf die physische Stabilität, wodurch auch die emotionale und mentale Balance gestärkt wird.

So geht's

Ihr Welpe kann liegen, sitzen oder stehen. Machen Sie vorher zur Entspannung die TTouches, die Ihr Hund am meisten

So werden die Zwischenräume zwischen den Ballen behandelt.

genießt. Beginnen Sie oben an den Beinen und wandern Sie mit Wolken-Leopard-TTouches hinunter bis zu den Pfoten. Dort machen Sie sanfte Waschbär-TTouches und lassen möglichst keine Stelle der Pfote aus. Wenn Ihr Hund zwischen den Ballen kitzelig reagiert, arbeiten Sie an diesen Stellen mit etwas mehr Druck. Falls Ihr Welpe lange Haare zwischen den Ballen hat, dann könnte die Empfindlichkeit daher stammen. Ich empfehle dann, diese Haare zu kürzen.

Pfoten-TTouch verbessert die körperliche und seelische Balance.

Welpen erziehen mit TTOUCH und TTEAM

- Die Basis der Erziehung 50
- Vorbereitung zu Hause 62
- Die ersten Tage 66
- Körperpflege 80

TT·E·A·M

Die Basis der Erziehung

Die TTouch- und TTEAM-Methode basiert auf dem Grundsatz, Tiere genauso zu behandeln, wie ich als Mensch behandelt werden möchte. Ich bringe Tieren Achtung und Respekt entgegen.

Ich gehe mit Welpen liebevoll und respektvoll um, aber gleichzeitig setze ich Grenzen, damit der Welpe auch mich respektiert und lernt, sich so zu verhalten, wie es seiner Rolle als Familienmitglied entspricht.

TTouch entwickelt beim Welpen den Wunsch und die Möglichkeit zu lernen, sodass Übungen wie Sitzen, Hinlegen und Kommen leicht gelernt werden, aber immer mit einer positiven Haltung und niemals mit Druck.

Neuere Forschungen belegen, dass Menschen, die mit Tieren zusammenleben, ein gesundes und erfülltes Leben führen. Das Leben mit Haustieren führt zum Beispiel zu einem niedrigen Blutdruck und weniger Stress.

Wenn ich einen Hund ausbilde, dann tue ich das in einer Weise, die dem Wesen und dem Lernvermögen des Tieres entspricht. Ich gehe Schritt für Schritt vor und zeige dem Hund, was ich von ihm

Freundschaft und Vertrauen sind wichtig für die Erziehung.

„Warte“ mit einer verständlichen Körpersprache.

Lob und Anerkennung machen das Lernen leicht.

möchte. Eine klare Kommunikation und positive Bestärkung sind dabei wichtig, damit der Hund verstehen kann, was richtig ist.

Im Tellington-Training wird konsequent ohne Erziehungsmethoden wie dem Ignorieren oder dem Unterwerfen des Hundes gearbeitet. Strafen sind meiner Meinung nach überflüssig, denn sie erzeugen Stress und eine ungute Stimmung. Beides verhindert oder beeinträchtigt das Lernen.

Es ist entscheidend, das Verhalten des Tieres zu verstehen und darauf in respektvoller, intelligenter und freundlicher Weise zu reagieren. Ich gehe davon aus, dass jedes Verhalten einen Grund hat. Aggression entsteht aus Angst, Schmerzen oder Unsicherheit, also muss ich den Ursachen von unerwünschtem Verhalten auf den Grund gehen, um dem Tier zu helfen.

Kommunikation ohne Druck

Mein Training basiert darauf, dem Welpen auf freundliche Weise und mit einer eindeutigen Kommunikation ohne Druck zu zeigen, was ich von ihm möchte. Das Sprechen mit einem ruhigen, herzlichen und motivierenden Ton fördert das Lernen. Das hat auch einen bemerkenswerten Effekt auf den eigenen Stresslevel. Ich empfehle das Buch „Die Heilkraft des Wassers“ von Masaru Emoto, das zeigt, wie Worte und Tonlagen in unserem Alltag eine Rolle spielen (siehe Seite 52).

Ich spreche den Hund zuerst mit seinem Namen an und benutze ganze Sätze, die ich als höfliche, freundliche Einladung formuliere. Ich passe meinen Tonfall der jeweiligen Situation an. Ich spreche motivierend und aufmunternd, wenn der Hund aktiv werden soll. Mein Tonfall wird leise, sanft und ruhig, wenn der Welpe sitzen oder liegen soll oder ich ihn beruhigen möchte. Eine höhere Tonlage kann generell sinnvoll sein, denn dies spricht Welpen besonders positiv an. Im TTEAM-Training wird nicht im Kommandoton gesprochen, weil dieses Verhalten beim Menschen und beim Hund Stress erzeugt. Ich habe schon oft erlebt, dass Hundefreunde meinen, sie müssten dominant und streng mit ihrem Hund sein. Dieses Verhalten erzeugt aber eine angespannte Atmosphäre, in der sich weder Mensch noch Hund wohl fühlen.

Sofort nachdem der Welpe richtig reagiert hat, bestätige ich sein Verhalten durch ein stimmliches Lob in Form von Danke, Prima, Klasse oder einem anderem Wort, mit dem ich positiv bestärke. Auch hier ist der Tonfall wichtig: Ich drücke meine Freude über den Erfolg mit meiner Tonlage aus, meine Begeisterung kann ruhig etwas übertrieben ausgedrückt sein, finde ich.

Es macht einen großen Unterschied, ob ich ein befehlendes „Tu es“ oder ein freundliches „Lass es uns tun“ formuliere.

Aufmerksame Welpen sind gute Schüler.

Die Wirkung ist – egal, ob zwischen Mensch und Mensch oder zwischen Mensch und Tier – eine ganz andere. Hunde sind intelligente und soziale Wesen, die den sprachlichen Tonfall deuten und verstehen können. Meine Erfahrung zeigt, dass sich Freundlichkeit und Respekt viel mehr auszahlen als Dominanz oder Ignoranz. Es spricht viel dafür, mit einem Hund höflich umzugehen, umso höflicher wird auch er sich verhalten.

Der japanische Wissenschaftler Masaru Emoto hat mit sich in langen Versuchsreihen mit der Kristallbildung von

Eis beschäftigt. Er fand heraus, dass unterschiedliche Temperaturen Einfluss auf die Ausformung der Eiskristalle haben, aber beispielsweise auch der Verschmutzungsgrad des Wassers. Im Zuge seiner Forschungen stellte er auch fest, dass sich Stimmungen auf das Wasser übertragen: Die Eiskristalle, die während eines Befehls wie „Tu es“ entstanden, waren unharmonisch geformt, ganz im Gegensatz zu denen, die bei einem „Lass es uns tun“ entstanden. Für mich ist dies ein weiterer Hinweis dafür, das ein achtsames und höfliches Verhalten generell ganz wichtig ist.

Tipps für die Wahl des Hundes

Schätzen Sie Ihre Situation ehrlich ein. Wie viel Zeit, Platz und Mithilfe haben Sie für Ihren neuen Hund? Wer wenig Zeit aufbringen kann, um mit ihm zu spielen, spazieren zu gehen und ihn zu erziehen, sollte sich für eine Rasse entscheiden, die sich mit diesen Voraussetzungen vereinbaren lässt. Zum Beispiel können Sie einen kleinen, ruhigen Hund wählen. Wenn Sie lieber größere Hunde mögen, suchen Sie sich eine Rasse mit einem ausgeglichenen Charakter wie z. B. einen Greyhound aus. Sie können sich auch eine zuverlässige Tagesbetreuung oder einen Helfer organisieren, der mit Ihrem Hund regelmäßig spazieren geht.

Wer passt zu mir?

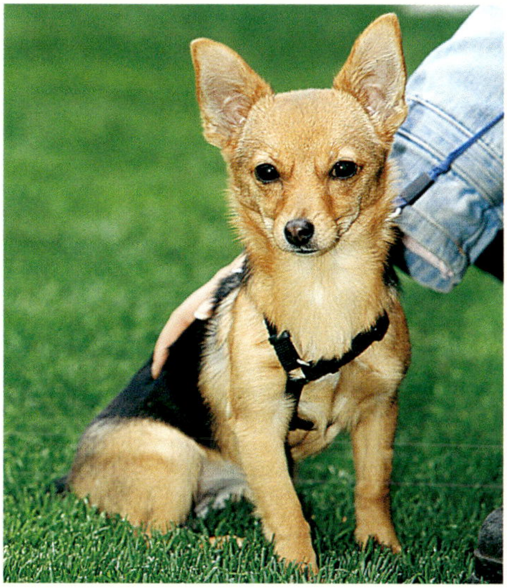

Mischlinge sind großartige Begleiter.

Alle Gebrauchshunde wie Hüte- oder Jagdhunde sind gezüchtet worden, damit sie einen Beruf ausüben. Sie brauchen auch heute noch Aufgaben, die ihrer früheren Nutzung entsprechen, sonst entstehen in vielen Fällen Probleme.

Alle Rassehunde werden seit Jahrhunderten auf bestimmte Eigenschaften hin gezüchtet, die für bestimmte Aufgaben und Berufe nötig sind. Diese Aufgaben sind Hüten, Treiben, Schützen, Begleiten und Jagen. Dazu kommen die Rassen, die rein auf Schönheit und zur Gesellschaft gezüchtet werden wie manche Schoßhunderassen.

Es gibt eine Vielzahl an informativen Büchern über Hunderassen, die Ihnen bei der Auswahl des richtigen Hundes für Ihre Lebenssituation und Ihre Persönlichkeit hilfreiche Auskünfte geben.

Bitte informieren Sie sich über den Züchter, bei dem Sie Ihren Welpen aussuchen, und fragen Sie nach Referenzen von anderen Kunden, die einen Welpen bei ihm gekauft haben. Ich möchte Sie vor Züchtern warnen, die Hunde in Massen züchten, denn diese Welpen können aus Inzuchten stammen, überzüchtet, krank oder mit falschen Papieren ausgestattet sein.

Viele Menschen haben ihren besten Freund in einem Mischling oder einem reinrassigen Welpen bzw. erwachsenem Hund aus dem Tierheim gefunden.

Beschwichtigungssignale

Hunde kommunizieren untereinander mit einer Vielzahl an Signalen, sie benutzen dafür ihren Körper, ihre Augen, ihre Ohren, ihre Rute, ihren Gesichtsausdruck und sie machen Laute. Auch als Mensch kann man die Körpersprache der Hunde nutzen, um mit ihnen zu kommunizieren. Beruhigungs- und Beschwichtigungssignale verwenden Hunde, um eine Rangfolge aufzubauen und zur Vermeidung von Konflikten. Beschwichtigungssignale beschreibt die norwegische Hundetrainerin Turid Rugaas in ihrem Buch „Calming Signals“: Abwenden des Kopfes und des ganzen Körpers, das Zuwenden des Hinterteils zum anderen Hund, Lecken der Nase oder der Lippen, Blinzeln mit den Augen, langsames Gehen, Hinsetzen, Gähnen und Schnüffeln am Boden.

Wenn Sie sich einem unbekannten Hund nähern, sollte er seitlich zu Ihnen positioniert sein, Sie sollten wegschauen, Ihren Blick weich werden lassen und blinzeln, so wie es auch gut sozialisierte Hunde zur Begrüßung tun. Ihr Welpe sollte Kontakt mit anderen Welpen haben, damit er lernt, verschiedene „Dialekte“ zu sprechen und zu verstehen. Hunde mit schwarzen Gesichtern zum Beispiel lecken öfter als andere, weil ihr Gesichtsausdruck schwerer zu interpretieren ist. Auch lange Haare, die bis über die Augen fallen, erschweren die Kommunikation unter Hunden.

Eine vertrauensvolle erste Begegnung.

Manche jungen Hunde benutzen instinktiv die richtigen Signale, manche müssen sie erst lernen. Sprechen Sie mit beruhigender und unterstützender Stimme.

Erste Begegnung

Wenn Sie die Welpen das erste Mal im Tierheim oder beim Züchter besuchen, können Sie mit Hilfe der Tellington-TTouches von Anfang an eine Beziehung aufbauen. Welpen werden üblicherweise mit etwa zwölf Wochen abgegeben, diese Zeit brauchen die Kleinen, um Muttermilch und Nestwärme von Mutter und Geschwistern zu erhalten. In diesen ersten Wochen lernen die Welpen auch wichtige Regeln im Umgang miteinander, sie werden in der Hundefamilie sozialisiert.

Nehmen Sie sich Zeit, um die Hündin und ihre Jungen zu beobachten. Wie benehmen sich die Welpen? Wie reagiert die Hundemutter auf ihren Nachwuchs? Welche Spielzeuge sind vorhanden? Wie leben die Hunde?

Sie können aus Ihren Beobachtungen wichtige Rückschlüsse auf die Qualität des Züchters und auf die Charaktere der Welpen ziehen. Aufmerksam sollten Sie werden, wenn die Welpen zum Beispiel in einer Ecke kauern und nicht mit Ihnen kommunizieren, scheu oder nervös sind oder schwach aussehen.

Wenn Sie sich entscheiden, einen solchen Welpen zu nehmen, weil Sie ihm helfen wollen, kann TTouch für Sie sehr nützlich sein. Nichtsdestotrotz deuten diese Zeichen auf Krankheiten hin, und Sie sollten den Welpen einem Tierarzt vorstellen, bevor Sie ihn zu sich nehmen.

Mutter und Kind lernen TTouch kennen.

Wenige Minuten reichen aus, um einen Kontakt herzustellen. Spielen Sie mit dem Welpen, wenn er interessiert ist. Viele Welpen haben großes Heimweh nach ihrer Mutter und ihren Geschwistern, wenn sie getrennt werden. Mit TTouch können Sie ein Band zum Welpen knüpfen, durch das Heimweh in kurzer Zeit überwunden wird.

Wenn Sie der Meinung sind, dass sich Hündin und Welpen nicht artgerecht benehmen sowie nicht hundegerecht gehalten und behandelt werden, dann suchen Sie andere Züchter auf.

Wenn Sie sich für einen Welpen entschieden haben und es Ihre Zeit und der Züchter oder das Tierheim es erlauben, besuchen Sie Ihren Welpen: Mit TTouch knüpfen Sie eine Verbindung zum Welpen, schon bevor er bei Ihnen lebt.

- Sie können mit kreisenden TTouches am Körper beginnen, geeignet sind Liegender-Leopard-TTouch, Lama-TTouch oder Waschbär-TTouch, falls der Welpe sehr klein ist (siehe Seite 90).
- Machen Sie sehr vorsichtige Ohren-TTouches.
- Wandern Sie mit Noahs Marsch langsam über seinen Körper.

>TTOUCH-TIPP

Liegender-Leopard-TTouch S. 28,
Lama-TTouch S. 33,
Waschbär-TTouch S. 30,
Ohren-TTouch S. 43,
Noahs Marsch S. 37

Namensgebung

Eine kurze Bemerkung zur Namensgebung: Wenn Sie Ihrem Welpen einen neuen Namen geben, sollten Sie darauf achten, dass er gut klingt und eine positive Bedeutung hat. „Nomen est omen" heißt es, ich habe schon häufig die Erfahrung gemacht, dass Tiere ihren Namen Ehre machen, im positiven wie im negativen Sinne. Namen wie Sunny, Lucky oder schön klingende und zum Tier passende Vornamen erzeugen eine angenehme Stimmung und wirken auf Tier und Mensch sympathisch.

Gewöhnung an die Transportbox

Wenn Ihr Welpe lernt, sich in seiner Transportbox sicher und geborgen zu fühlen, ist das eine der Säulen Ihrer erfolgreichen Erziehung. Die Gewöhnung an die Box vermittelt Ihrem Welpen ein Gefühl für seinen persönlichen Bereich und ist maßgeblich für viele Aspekte Ihres Trainings. Hunde lieben es, unter einem Stuhl zu liegen, weil es ihrer Natur entspricht, sich einen Unterschlupf zu suchen. Wenn Sie Ihren Welpen Schritt für Schritt mit seiner Box vertraut machen, wird Ihr Hund sie lieben.

Auch für Sie hat die Unterbringung Ihres Hundes in der Box viele Vorteile, weil Sie sicher sein können, dass er in Ihrer Abwesenheit nicht ins Haus macht

TTouch unterstützt die Eingewöhnung.

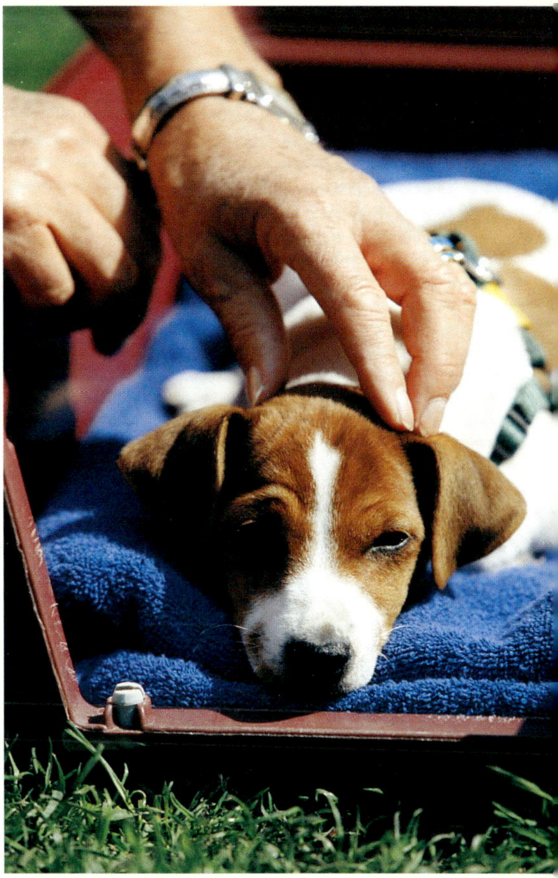

oder Ihre Möbel und andere Dinge zernagt. Und die Box ist auch eine großartige Ruhezone für Ihren Welpen, wenn Sie Besuch haben.

Wichtige Informationen zur Box Transportboxen sind aus Plastik, Nylon oder Metall erhältlich. Wichtiger als das Material ist aber, dass Sie die richtige Größe für Ihren Hund wählen. Hunde haben ein natürliches Bedürfnis, Ihren Ruhebereich sauber zu halten. Wenn die Box zu groß dimensioniert ist, kann Ihr Hund einen Bereich zum Erleichtern finden, der weit genug von seinem Schlafbereich entfernt liegt.

Wenn die Box zu klein ist, wird Ihr Hund sich unwohl fühlen. Wählen Sie also eine Box, in der Ihr Welpe aufrecht stehen, gemütlich liegen und sich problemlos umdrehen kann. Wenn Ihr Welpe zu einem großen Hund heranwachsen wird, können Sie eine große Box wählen, in die Ihr Welpe hineinwächst. Sie können den Bereich für den Welpen mit einer Trennplatte oder Innenbox abgrenzen, die sich nicht verschieben lässt, sodass sich auch schon Ihr kleiner Welpe wohl fühlen kann.

Sie brauchen außerdem viele kleine, wohlschmeckende Futterwürfel z. B. aus Huhn, Würstchen, Käse oder Leber. Füllen Sie auch einen Kong mit leckerem Inhalt, damit Ihr Welpe etwas zu tun hat, wenn er nicht schläft oder döst.

Schritt für Schritt wird der Welpe mit der Transportbox vertraut gemacht.

Wählen Sie für die Box einen Platz, an dem sich Ihre Familie trifft, damit Ihr Welpe sich nicht ausgeschlossen fühlt, wenn er in seinem Unterschlupf liegt.

Während der ersten Eingewöhnungsphase sollten Sie aus Sicherheitsgründen

Der Welpe wird rückwärts mit den Händen in die Box geleitet.

auf weiches Spielzeug oder Decken in der Box verzichten, damit Ihr Welpe nicht animiert wird, zu wild zu spielen. Wenn Ihr Welpe sich an die Box gewöhnt hat und sich wohl fühlt, können Sie ein Kissen oder Polster hinzufügen.

So lernt Ihr Welpe die Box zu genießen Wenn Sie es richtig anstellen, wird sich Ihr Welpe in seiner Box schnell heimisch fühlen und es genießen, darin zu liegen. Um Ihren Welpen mit der Box vertraut zu machen, legen Sie mehrere Leckerchen hinein, damit er sie aufstöbern kann. Wenn er das Futter entdeckt hat, legen Sie noch ein paar mehr gleich an die Boxentür, damit er noch näher kommt. Sobald er die Box betritt, loben Sie ihn und geben ihm Futter aus Ihrer Hand.

Legen Sie auch weiter hinten in der Box Futter aus, damit Ihr Welpe die ganze Box genussvoll erkundet. Schließen Sie nicht die Tür, Ihr Hund soll hinein und hinaus gehen können wie er will. Jedes Mal, wenn Ihr Welpe hineingeht, benutzen Sie ein Wort wie „Schlafenszeit". Ihr Hund wird schnell lernen, die Box mit diesem Wort zu verbinden, und wird in die Box gehen, wenn er das Wort von Ihnen hört.

Ich bevorzuge Boxen, deren Deckel man entfernen kann, denn das erlaubt Ihnen, Ihren Welpen in der Box zu ttouchen.

Wenn Ihr Welpe sicher hinein und hinaus geht, können Sie die Tür für einige wenigen Sekunden schließen, loben Sie ihn ausführlich, während er darin ist. Es kann hilfreich sein, Ihrem Welpen einen gefüllten Kong oder ein Spielzeug zu geben. Wenn Ihr Welpe ruhig bleibt, loben Sie ihn: „Das machst du sehr gut, brav, wunderbar." Steigern Sie den Zeitraum, in dem Sie die Tür geschlossen halten, nutzen Sie Futter und Spielzeug. Denken Sie daran: Übung macht den Meister. Wenn Ihr Hund sich richtig eingelebt hat, kann er selbst entscheiden, ob er in der Box oder woanders ruhen und schlafen will.

Mehrmaliges Hineinführen in die Box ohne Deckel zahlt sich aus.

›TTOUCH-TIPP

Ohren-TTouch S.43,
Maul-TTouch S. 41,
Liegender-Leopard-TTouch S. 28,
Python-TTouch S. 34,
Pfoten-TTouch S. 47,
Körperband S. 87,
T-Shirt S. 88

Autotraining

Um alle weiteren zukünftigen Autofahrten möglichst stressfrei für den Welpen zu machen, ist es wichtig, dass er sich bei der ersten Fahrt in sein neues Zuhause wohl und sicher fühlt. Manchem Hund wird schlecht im Auto oder er reagiert nervös, dann können Sie mit TTouch am ganzen Körper dafür sorgen, die emotionale, geistige und körperliche Balance Ihres Welpen zu stärken. Ohren-TTouch kann Übelkeit vorbeugen. Python-TTouches an allen vier Beinen von den Ellenbogen bzw. Knien bis zur Pfote hinunter bringen den Hund in eine gute Balance. Das Körperband oder das T-Shirt sind gute Möglichkeiten, den Welpen während der Fahrt zu beruhigen.

Autofahrt ins neue Zuhause Manche Hunde lieben das Autofahren sofort, manche haben Angst, einigen wird übel. Mithilfe der TTouches können Sie Ihren Welpen vorbereiten, sodass er

TTouch in der Box vermittelt dem Welpen Sicherheit.

grundsätzlich selbstsicherer und stressresistenter wird.

Ideal ist es, wenn Sie Ihrem Welpen schon vor der Fahrt nach Hause beibringen, in die Transportbox zu gehen, und mit ihm eine Autofahrt probieren, um Erfahrungen mit entspannenden TTouches zu machen. Bitten Sie jemanden, Ihren Wagen zu fahren. Während Sie auf der Rückbank sitzen, halten Sie Ihren Welpen mit einer Decke auf Ihrem Schoß oder lassen Sie ihn auf einem weichen Hundekissen neben sich liegen. Wenn Sie einen größeren Welpen haben, der aktiv ist, dann ist die sicherste Möglichkeit, ihn in einer Transportbox neben sich auf der Rückbank zu platzieren, um ihn beruhigen zu können und Kontakt zu ihm zu halten.

Wenn Ihre Heimreise lang dauert, planen Sie genügend Pausen ein. Lassen Sie Ihren Welpen unbedingt an der Leine, wenn Sie den Wagen verlassen.

>LINDAS TIPP

Bevor Sie mit Ihrem Welpen nach Hause fahren, ist es nützlich, zuerst kurze Trainingseinheiten im Auto einzuplanen, ohne dass der Wagen fährt. Wenn Ihr Welpe sich im Auto wohl fühlt, können Sie ihn in seiner Transportbox, mit einem Hundesicherheitsgurt oder auf einer gemütlichen Decke oder Unterlage im gesicherten Fond des Wagens zur Gewöhnung um den Block fahren. Sicherheitstipps und empfehlenswerte Transportmöglichkeiten für Hunde finden Sie beim ADAC unter www.adac.de.

Vorbereitung zu Hause

Ihr Welpe wird von nun an Ihr Haus oder Ihre Wohnung und den Garten mit Ihnen teilen, deshalb müssen Sie Ihr Zuhause entsprechend hundefreundlich gestalten.

Schlafplatz Meine Empfehlung ist, den Welpen von Anfang an in der Transportbox schlafen zu lassen und ihn schon beim Züchter daran zu gewöhnen (siehe Seite 67). Die Box ist für den Anfang sowohl sein Schlaf- wie auch sein Ruhe- und Rückzugsplatz im Haus (siehe Seite 74), mit dem Sie ihn auch im Auto transportieren können. Wenn Ihr Hund älter ist, kann er es sich zum Schlafen auf seiner Decke oder in einem Korb bequem machen, die in einer ruhigen und zuggeschützten Ecke der Wohnung platziert sein sollen.

Transportbox Es gibt im Handel eine große Auswahl an Transportboxen, die der zukünftigen Größe des Hundes angepasst sein sollen. In der Box sollte eine weiche Unterlage liegen. Um die Eingewöhnung des Welpen zu erleichtern, ist es sinnvoll, ein Kissen, ein Stofftier oder einen Beißknoten aus Baumwolle, die nach Mutter oder Geschwistern riechen, in die Box zu legen.

Futterplatz und Futter Ihr Hund sollte einen festen Essplatz bekommen, an dem sein Futter- und Trinkbehälter steht. Sie sollen gut zugänglich, aber auch nicht im Durchgang stehen. Die Näpfe sollen rutschsicher stehen. Zum Futter finden Sie auf Seite 63 einige Hinweise. Da ich empfehle, den Welpen mit Futter zu belohnen, sollten Sie entsprechend hochwertige Leckerchen bereit haben. Die Belohnungsfuttermenge ziehen Sie vom Gesamtfuttertagesbedarf ab, damit Sie Ihren Welpen nicht überfüttern. Reichen Sie nur kleine Futterstücke, damit der Welpe sie gut kauen kann.

Garten Wenn Sie einen Garten haben, sollte Sie eine Rasenfläche zum Spielen haben. Der Garten sollte von einem sicheren Zaun umgeben sein,

Eine Freundin macht die Box einladend.

Der rote Ball ist ein Kong, ein sinnvolles Spielzeug für Welpen.

damit Ihr Hund nicht davonlaufen kann. Ein Zaun grenzt auch sein Territorium ein.

Spielzeug Es gibt sehr viele Spielsachen für Welpen und Hunde, nicht alle sind empfehlenswert. Meine Favoriten sind Kauseile aus Baumwolle und Kongs, die mit Futter gefüllt werden können, sodass Ihr Welpe darauf kauen kann, statt an Ihren Möbeln oder Ihrer Kleidung.

Die Ernährung des Welpen

Von Martina Simmerer

Als mich Linda fragte, ob ich einige Zeilen über die Ernährung von jungen Hunden schreiben würde, war mein erster Gedanke: „Das kann ein ganzes Buch füllen." In meiner Tierarzt-Praxis und bei der TTEAM-Arbeit begegnen mir zum überwiegenden Teil Menschen, die einen sehr natürlichen und ganzheitlichen Lebensweg gehen. Ich möchte hier ein paar praktische Tipps dazu geben.

In China heißt es, dass ein guter Arzt auch ein guter Koch sein muss. Aus eigener Erfahrung weiß ich, dass die richtige Auswahl an Lebensmitteln die Heilung vieler Krankheiten unterstützen kann.

Die einzige Möglichkeit, nach der Geburt unserem Körper Energie zuzuführen, besteht im Essen und Atmen. Die Umweltbelastung der Luft, die wir einatmen, können wir kaum beeinflussen. Somit ist die Ernährung umso wichtiger.

Meiner Erfahrung nach nehmen die rassebedingten Erkrankungen unserer Hunde zu, und jeder Hundebesitzer möchte seinem Welpen die beste Unterstützung bei seiner Entwicklung geben. Deshalb sollte die Ernährung auch sehr individuell sein – also der Rasse, der Größe, dem Temperament und der Beanspruchung bzw. Nutzung des Welpen angepasst werden.

Auch die Besitzer sind sehr unterschiedlich. Von einer beruflich sehr belasteten Person, die sich einen Hund für ihre kreative Freizeitgestaltung angeschafft hat, kann man nicht verlangen, stundenlang in der Küche zu stehen und zu kochen. Das würde das Verhältnis zum Hund nur belasten.

Welpen in der Wachstumsphase brauchen energiereiches Futter.

Ein Vegetarier, der ganze Tierteile verfüttern soll, wird sich zusehends ekeln – auch vor seinem Hund. Ein passionierter Koch, der Stunden mit der Zubereitung eines wohlschmeckenden, biologisch hochwertigen Mahls verbringt, soll für seinen Hund eine Dose aufmachen? Kaum vorstellbar.

Tipps für die richtige Ernährung
Das erste Prinzip der Ernährung eines jungen Individuums ist, seine Mitte – also seinen Verdauungstrakt – stark und zuverlässig aufzubauen. Dazu bedarf es hochwertiger, leicht verdaulicher Produkte.

Der Fleischanteil der Nahrung richtet sich nach dem Temperament und der Schnellwüchsigkeit der Rasse, sollte aber nicht über 33% liegen: ⅓ Fleisch, ⅓ Gemüse oder Obst, ⅓ Getreide sind ein guter Richtwert.

Reis oder anderes Getreide mit viel Wasser einige Stunden lang zu kochen, ist eine gute Technik. Die Beigabe von Kuzu, das ist eine japanische Wurzel, die in gut sortierten Bioläden erhältlich ist, beugt Durchfall vor und reguliert das Appetitverhalten.

Hirse oder Braunhirse unterstützt durch den hohen Anteil an Kieselerde die Entwicklung des Bindegewebes und ist daher in Hundefamilien mit Dispositionen zu Gelenkentzündungen nicht wegzudenken.

Gelenkdysplasien wie HD und ED sind weit verbreitet, deshalb muss man das

Die Menge der im Training verfütterten Leckerlis wird von der täglichen Futterration abgezogen.

Element „Wasser", welches in der chinesischen Medizin für die Knochen verantwortlich ist, unbedingt stärken. Fische, Algen und Hülsenfrüchte tun das.

Die Wachstumsphase ist dem Element „Holz" zugeordnet, welches auch für die Bänder, Sehnen und Gelenkkapseln zuständig ist. Ein paar Löwenzahnblätter, frisch gepflückt und klein geschnitten, Brokkoli oder grüne Salate unterstützen dieses Element.

Vermeiden sollte man zu stark kühlende Nahrungsmittel wie Zitrusfrüchte oder Milchprodukte, die das Verdauungssystem schwächen und auf Dauer einen Energiemangel bewirken können. Wenn die Basis der Welpenkost aus Trocken- oder Dosenfutter besteht, muss man auf den Fleischanteil achten, dieser kann sehr niedrig sein oder Fleisch minderer Qualität enthalten. Lesen Sie die Angaben der Inhaltsstoffe genau, Sie werden feststellen, dass Fertigfutter meist einen hohen Anteil an Getreide und Füllstoffen (z. B. Rückstände aus der Zuckerrübenerzeugung etc.) enthält.

Fertigfutter sollte keine chemischen Farb-, Lock- und Geschmacks- sowie Konservierungsstoffe enthalten, die nachweislich leber- und nierenschädigend

Für alle Welpen wird empfohlen, dass ihr Futter 30% Fleisch enthält.

Tierärztin und TTEAM-Lehrerin Martina Simmerer

sein können; diese Stoffe werden meist mit einem E und einer dreistelligen Nummer bezeichnet.

Fügen Sie Fertigprodukten auch keine Vitamin- und Mineralmischungen zu, die Produkte sind meist genau auf die jeweiligen Bedürfnisse zurechtgeschnitten. Ein Zuviel kann auch gesundheitsschädlich sein.

Ohnehin wachsen Hunde durchschnittlich viel zu schnell, das sollte nicht noch angekurbelt werden. Vermeiden Sie auf jeden Fall Zucker und gehärtete Pflanzenfette wie z.B. Margarine.

Achten Sie darauf, was Sie selbst gern essen und wie viel Abwechslung Sie brauchen. Ihr Hund hat ähnliche Bedürfnisse. Mit etwas Gefühl und viel gesundem Menschenverstand werden Sie sicher die richtige Ernährung Ihres Welpen zusammenstellen.

Magister Martina Simmerer
Tierärztin für Chiropraktik, Akupunktur, Homöopathie und TTEAM

Die ersten Tage

Damit Sie sich dem Welpen in den ersten Eingewöhnungstagen und -nächten widmen können, sollten Sie sich einige Tage freinehmen oder den Hund zumindest an einem Wochenende zu sich holen. Wenn Sie sich nicht freinehmen können oder Ihren Welpen nicht mit zur Arbeit nehmen können, müssen Sie eine zuverlässige Person finden, die auf Ihren Welpen tagsüber aufpasst. Es ist nicht akzeptabel, den Welpen den ganzen Tag allein im Haus zu lassen.

Überlegen Sie sich vorab, wie Ihr Tag üblicherweise aussieht. Es ist hilfreich, wenn Sie Ihre Eckdaten wie Aufstehen, Mahlzeiten, Arbeit, Freizeit, Schlafengehen in einem Stundenplan auflisten. Setzen Sie eine Spalte für den Welpen daneben und schreiben Sie auf, was Sie wann mit Ihrem Welpen machen möchten. Ihr

Welpe soll ja in Zukunft an Ihrem Leben teilhaben, deshalb muss er sich Ihren Bedürfnissen anpassen, Sie müssen aber auch sein Wohlergehen wichtig nehmen. Wie ein Tagesablauf aussehen kann, finden Sie auf Seite 68.

Klären Sie, wer für den Hund zuständig ist, wenn er in eine Familie integriert werden soll. In den ersten Tagen sollte sich vor allem die Person mit ihm beschäftigen, die auch in Zukunft hauptsächlich mit ihm zusammen ist. Der Welpe soll die Chance haben, zuerst zu einem wichtigen Menschen eine enge Bindung aufzubauen.

Die TTouches helfen Ihnen oder auch den anderen Familienmitgliedern, einen guten Kontakt zum Welpen aufbauen zu können. Ich habe schon oft erlebt, dass sich Hunde, die die TTouches kennen, sich anderen ttouchenden Menschen schnell anschließen und anvertrauen.

Passen Sie auf, dass Sie den Welpen nicht überfordern; Sie merken es dem Hund nicht unbedingt an, wenn er müde wird, denn er wird bestrebt sein, so lange aktiv zu sein wie Sie. Ich empfehle es, dass der Welpe seine Ruhephasen in der Transportbox verbringt (siehe S. 57), das verhindert auch, dass er sich verletzt.

Die sanfte Berührung des Auges baut Vertrauen auf.

TTouch zur Stärkung der emotionalen und körperlichen Balance.

Tagesplan

Dies ist ein exemplarischer Tagesplan für einen Menschen, der seinen zwölf Wochen alten Welpen zum Arbeitsplatz mitnehmen kann oder zu Hause arbeitet. Natürlich sollten Sie ihn individuell an Ihren Lebensrhythmus anpassen.

Uhrzeit	Mensch	Welpe / Hund
6:00	Wecken / Aufstehen	Gassi gehen, Spielen, 3 Minuten TTouch
7:00	Frühstück	Frühstück (1. Mahlzeit), Gassi gehen, Verdauungsruhe, Spaziergang zur Arbeit
8:00	Arbeitsbeginn	3 Minuten TTouch, Ruhepause
9:00		Ruhepause
10:00		2. Frühstück (2. Mahlzeit), Gassi gehen, TTouch, Spielen
11:00		Ruhepause
12:00		Ruhepause
13:00	Mittagspause	Mittagessen (3. Mahlzeit), Gassi gehen, TTouch, 30 Minuten Verdauungsruhe
14:00		Ruhepause
15:00	Kaffeepause	Gassi gehen
16:00		Ruhepause
17:00	Arbeitsschluss	Spaziergang nach Hause
18:00		3 Minuten TTouch, Spielen
19:00	Abendessen	Abendessen (4. Mahlzeit), Gassi gehen, Verdauungsruhe
20:00		Ruhepause
23:00		Gassi gehen, 2 Minuten TTouch
24:00–6:00	Nachtruhe	Nachtruhe

Die ersten Nächte

Wie schon erwähnt, sollte Ihr Welpe in der Transportbox schlafen. Bevor Sie ins Bett gehen, führen Sie den Welpen noch einmal zum Lösen nach draußen. Wenn Sie gegen Mitternacht noch einmal Gassigehen, ist die Wahrscheinlichkeit groß, dass Ihr Welpe seine Blase nicht zwischendurch entleeren muss und durchschläft.

Ich empfehle Ihnen, Ihren Welpen in den ersten Nächten in der Box mit in Ihrem Schlafzimmer schlafen zu lassen, so bekommen Sie sofort mit, wenn Ihr Welpe hinaus muss. Auch wenn Sie Ihren Welpen mit bei sich im Bett schlafen lassen, sollten Sie ihm beibringen, sich in der Box heimisch zu fühlen, damit Sie auf Trennungen vorbereitet sind. Ihr Welpe sollte früh lernen, sich ohne Sie und mit betreuenden Personen sicher zu fühlen. Sie können seinen Schlafplatz verlegen, wenn er etwas älter ist und sich eingelebt hat.

So lernen Welpen, entspannt im Körbchen oder in der Box zu schlafen.

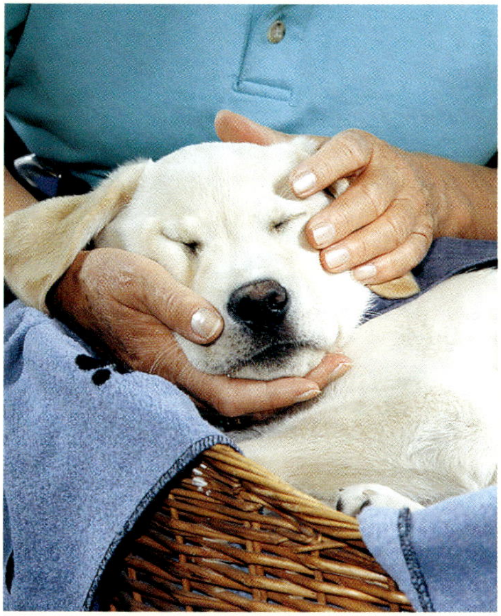

›TTOUCH-TIPP

Muschel-TTouch S. 31,
Liegender-Leopard-TTouch S. 28,
Maul-TTouch S. 41,
Ohren-TTouch S. 43,
Bauchheben S. 44

Füttern

Bitte wählen Sie einen ruhigen Futterplatz aus, an dem Ihr Welpe nicht gestört werden kann. Schon früh können Sie Ihrem Welpen spielerisch das Sitzen und Warten beibringen. Halten Sie den Napf in Ihren Händen und zeigen Sie dem Welpen mit Ihrer Stimme, mit Blickkontakt und durch Ihre Körpersprache, dass er sich hinsetzten soll (siehe Seite 98). Sie können schon jetzt Worte etablieren wie „Sitz", sprechen Sie diese Worte im netten Tonfall, nicht als Kommando. Loben Sie den Hund deutlich und begeistert mit der Stimme „Danke, prima, klasse" oder „Das hast du toll gemacht", wenn er sich

„Warte" mit Handzeichen

Sanftes Bauchheben unterstützt die Verdauung.

Liegender-Leopard-TTouch am Bauch

entsprechend verhält. Das Warten können Sie mit den Worten „Bleib", „Warte" oder mit Handsignal einführen. Erst nachdem Ihr Welpe eine kurze Zeit sitzen bleibt und ruhig ist, stellen Sie den Napf nach unten und lösen seine Position mit entsprechenden Signalen mit der Stimme, der Körpersprache und Handsignal auf, z. B. „Komm". Diesen Ablauf können Sie als Ritual etablieren, so wird das Füttern für den Welpen ein Spiel, auf das er sich ganz besonders freuen wird, gleichzeitig lernt Ihr Welpe grundsätzliche Verhaltensweisen kennen. Trinkwasser sollte Ihr Welpe stets zur freien Verfügung haben.

Lassen Sie Ihren Welpen beim Trinken und Fressen in Ruhe.

Gassi gehen

Sinnvoll ist es, den Hund gleich nach jeder Mahlzeit an der Leine Gassi zu führen, damit er nicht aus versehen ins Haus macht. Halten Sie einen gleich bleibenden Ablauf ein und loben Sie Ihren Welpen, wenn er sein Geschäft erledigt hat. Falls er nicht muss, bringen Sie ihn zurück nach Hause und in seine Box. Gehen Sie nach einer Weile erneut hinaus.

Halten Sie Ihren Welpen an der Leine, damit er nicht rennen und spielen kann, er soll sich auf sein Geschäft konzentrieren. Zeigen Sie Ihrem Hund den Platz, wo er sich erleichtern kann. Hilfreich zur Anregung sind Ohren-TTouches oder

Das Führen mit Brustgeschirr und zweihändig geführter Leine ist schonend und vereinfacht das Lernen. Welpen lassen sich leicht ablenken, das Ziehen wird sofort korrigiert. Die Gerte unterstützt das einhändige Führen. Hier lernt der junge Australien Shepard, ausbalanciert an der Leine zu gehen.

Bauchheber. Auch für das Urinieren und Kot absetzen sollten Sie Codewörter etablieren, die Ihnen gefallen, also beispielsweise „Mach Pipi“ oder „Mach Haufen“. Haben Sie Geduld und loben Sie ausführlich, wenn Ihr Welpe sich erleichtert hat.

›TTOUCH-TIPP

Ohren-TTouch S. 43,
Bauchheben S. 44

Spazieren gehen

Die ersten Spaziergänge mit Ihrem kleinen Hund sollten kurz sein, zeigen Sie ihm Ihre Straße oder gehen Sie einmal um den Block, das reicht für die ersten Tage schon aus. Ich empfehle für die meisten Welpen und Hunde ein Hundegeschirr statt eines Halsbandes mit Leine. Wie Sie Ihren jungen Hund führen, lesen Sie auf Seite 105.

Ich bin der Meinung, dass man einen Hund schnüffeln lassen sollte, gerade Ihr junger Hund muss sich ja erst mal mit der neuen Umgebung vertraut machen, das tut er durch das Erschnüffeln der Urinsignale der anderen Hunde. Sie zeigen damit keine Schwäche, sondern gehen auf die Bedürfnisse des Tieres ein. Wenn Sie weitergehen möchten, machen Sie Ihren Welpen mit Ihrer Stimme, einem Leckerli oder Spielzeug auf sich aufmerksam. Sobald Ihr Welpe sich Ihnen zuwendet, wird er gelobt. Er soll jede Kontaktaufnahme mit Ihnen positiv erleben, dann wird er auch in Zukunft motiviert sein, auf Ihre Stimme und Ihre Zeichen zu reagieren. Auch für das Weitergehen wird er gelobt.

Dieser junge Terrier hat die Tendenz, an der Leine zu ziehen, er ist nicht in Balance.

›TTOUCH-TIPP

Balanceleine S. 106, Untergründe S. 119

Vermeiden Sie von Anfang Situationen, in der Ihr Welpe an der Leine ziehen kann. Jedes Tier reagiert auf Zug oder Druck mit Gegendruck. Sobald Sie ziehen, zieht auch der Hund. Ihre feinen Signale an der Leine sollen deshalb mit einem sofortigen Nachgeben verbunden sein, sodass kein dauernder Zug entsteht. Seien Sie weich und locker in Händen und Armen, atmen Sie gleichmäßig und entspannt.

Begegnungen mit anderen Hunden

Begegnungen mit anderen Hunden sind für viele Welpenbesitzer zunächst eine Stresssituation, weil sie nicht wissen, wie ihr Welpe und der andere Hund reagieren

Das Training in der Welpengruppe macht Spaß und steigert die soziale Kompetenz des Welpen.

werden. Hunde wollen Kontakt aufnehmen, sich begrüßen und beschnüffeln. Sie wollen die Situation unter Kontrolle behalten. Was ist zu tun?

Sicher ist, dass Ihr Welpe nicht automatisch den so genannten Welpenschutz genießt. Das funktioniert in einer Familie oder einem gewachsenen Rudel, aber nicht bei sich fremden Hunden. Sie müssen also Ihren Welpen schützen, falls es notwendig werden sollte. Andererseits muss Ihr Welpe auch Kontakt aufnehmen können. Behalten Sie also Ihren Welpen an der Leine und die Situation im Blick. Ihren kleinen Welpen oder Hund sollten Sie sicherheitshalber vor großen Hunden abschirmen, denn der Kleine wird Angst haben und eventuell in eine defensive Lage geraten, aus der er nicht entfliehen kann. Sie müssen aufpassen, denn der andere Hund kann auf den Welpen an der Leine aggressiv und ruppig reagieren, weil er gar nicht realisiert, dass er vorsichtig sein muss. Auch ein freundlich gemeinter Stups mit der Pfote eines großen Hundes kann den Welpen verletzen. Wenn Sie also einen Welpen einer kleinen Rasse besitzen, scheuen Sie sich nicht, Ihren kleinen Hund auf den Arm zu nehmen und zu sichern. Halten Sie die Situation unter Kontrolle, ohne dass Sie Stress entwickeln, damit Ihr Welpe in Zukunft nicht nervös auf große, fremde Hunde reagiert.

>TTOUCH-TIPP

Lernparcours S. 113

Eine gemeinsame Kuschelpause festigt die Bindung.

Verdauungs- und Ruhepausen

Zum Verdauen, Erholen und Schlafen bringen Sie Ihren Welpen zu seiner geöffneten Box. Hunde dösen, ruhen oder schlafen bis zu 17 Stunden täglich! Dieses erstaunlich lange Ruhebedürfnis sollten Sie Ihrem Welpen und erwachsenen Hund gewähren, damit er nicht unnötig gestresst wird.

Wenn Ihr Welpe während oder nach der Pause Ihren Kontakt sucht, nehmen Sie ihn auf den Schoß, setzen oder legen Sie sich zu ihm auf den Boden und ttouchen Sie ihn. Für eine feste Bindung ist es hilfreich, wenn der Welpe die ersten Tage oft nah bei Ihnen sein kann, das würde er als junger Hund auch noch bei seiner Mutter oder seinen Geschwistern tun. Dieses Anschmiegebedürfnis wird als Kontaktliegen bezeichnet.

Stubenrein

Achten Sie auf die Signale Ihres Welpen, er wird Ihnen zeigen, dass er Gassi gehen muss: Er starrt Sie an, wird unruhig oder beginnt einen Platz zum Erleichtern zu suchen. Bringen Sie ihn auch hinaus, nachdem er ausgiebig gespielt hat. Halten Sie einen Teppichreiniger parat, denn Ihrem Welpen werden Fehler passieren. Strafen nützen nichts, Ihr Welpe wird dadurch nur Stress empfinden. Ein guter Rat ist es, eine Zeitung aufzurollen und sich selbst zu strafen, weil man nicht gut genug aufgepasst hat.

Welpen lernen normalerweise durch ihre Mutter, stubenrein zu werden. Sie macht es ihren Kleinen vor, dass sie sich nicht in der Wohnung erleichtert, und die Welpen verhalten sich nach einiger Zeit genauso. Wenn Ihr Welpe bei einem

Züchter aufgewachsen ist, der seine Hunde mit im Haushalt hält und nicht in einem Zwinger, dann haben Sie gute Chancen, dass Ihr Welpe nicht ins Haus machen wird. Wenn ein Welpe zu früh von seiner Mutter getrennt wird, dann kann er nicht lernen, sich „sauber" zu verhalten. Wenn Ihr Welpe zu Ihnen kommt, weiß er also normalerweise, dass er im Haus weder Urin noch Kot hinterlassen darf.

Durch Aufregung und Unsicherheit durch die Trennung von Mutter und Geschwistern und die neue Umgebung sowie durch zu langes „Anhaltenmüssen" kann es trotzdem passieren. Deshalb

Loben Sie Ihren Welpen mit TTouch.

›TTOUCH-TIPP

Bauchheben S. 44,
Ohren-TTouch S. 43

liegt die Verantwortung bei Ihnen, darauf zu achten, wenn Ihr Welpe hinausmuss.

Welpen sind noch klein und brauchen mehrmals am Tag und eventuell am Anfang in den Nächten die Möglichkeit, sich erleichtern zu können. Sie müssen deshalb anfangs auch in den Nächten aufstehen, wenn der Hund es anzeigt, und mit ihm hinausgehen. Möglicherweise reicht es, wenn Sie um 24:00 Uhr hinausgehen und dann wieder morgens um 6:00 Uhr. Fragen Sie den Züchter, ob er die jungen Hunde nachts hinausgelassen hat.

Zeigen Sie Ihrem Welpen, wo der richtige Platz für sein „Geschäft" ist. Manche Hunde möchten dabei für sich sein und mögen lieber unter einem Busch oder hinter einen Zaun verschwinden. Respektieren Sie sein Verhalten und bringen Sie ihn zu einem geeigneten Platz.

Ermuntern Sie ihn zum Urinieren oder zum Koten, zeigen Sie Geduld und warten Sie so lange, bis er sich erleichtert hat. Loben Sie ihn sofort freundlich und deutlich. Als rücksichtsvolle Person beseitigen Sie die feste Hinterlassenschaft Ihres Hundes.

Besuch bei Freunden

Wenn Sie mit Ihrem jungen Hund bei Freunden zu Besuch sind, können Sie seine vertraute Decke mitnehmen, um ihm verständlich zu machen, dass er sich hinlegen und ausruhen kann. Suchen Sie einen ruhigen Platz nah bei Ihnen aus und behalten Sie ihn an der Leine, damit es zu keinen Unfällen kommt. Wenn er unruhig werden sollte (obwohl er nicht pinkeln muss), dann können Sie einige TTouches anwenden, um ihn zu beruhigen. Fragen Sie Ihren Freund, ob er Ihren Welpen touchen mag (wenn er oder sie Interesse am TTouch zeigt), denn so bekommt er Erfahrungen mit anderen Menschen. Das kann eine gute Vorbereitung für die Besuche beim Tierarzt sein.

Wenn Ihre Freunde Kinder haben, zeigen Sie ihnen einen TTouch und lassen Sie sie einzeln Ihren Welpen unter Aufsicht ttouchen. Futter kann hilfreich sein, wenn Welpe und Kind Bekanntschaft schließen. Sollte Ihr Welpe unsicher sein, sollte das Kind das Futter zuerst auf den Boden legen. Zeigen Sie dem Kind, dass es die Hand mit dem Futter flach halten muss, wenn es Ihren Hund füttert.

›TTOUCH-TIPP

Liegender-Leopard-TTouch S. 28,
Ohren-TTouch S. 43,
Maul-TTouch S. 41,
Tarantel-TTouch S. 38,
Muschel-TTouch S. 31,
Waschbär-TTouch S. 30

In der Welpenspielgruppe

Es spricht vieles dafür, mit dem Welpen in eine Welpenspielgruppe zu gehen. Junge Hunde brauchen den Kontakt zu Gleichaltrigen, sie lernen beim Spielen mit den anderen und werden auf Hundeart sozialisiert. Auch Sie bekommen neue Anregungen und Spielideen, denn es werden oft auch Gruppenspiele mit Mensch und Welpe durchgeführt.

Sie sollten die Hundeschulen in Ihrer Umgebung besuchen und darauf achten, dass die Welpen in den Gruppen nach Größen getrennt werden. Es kann passieren, dass kleinere Hunde im freien Spiel von größeren Junghunden dominiert werden und Beschwichtigungsgesten des unterlegenen Tieres nicht respektiert werden. Dies kann bei den kleineren Hunden zu unnötigem Frust und Aggressionen führen. Achten Sie generell darauf, dass Ihr Welpe im freien Spiel nicht immer den Kürzeren zieht.

Es gibt sicher auch in Ihrer Umgebung TTEAM-orientierte Hundeschulen oder TTEAM-Practitioner, die Ihnen mit Empfehlungen für Hundeschulen weiterhelfen können (siehe Seite 132).

Freies Spiel in der Welpengruppe

Von Sarah Marsh

Hunde kommunizieren untereinander größtenteils mit ihrer Körpersprache und subtilen Signalen. Diese Signale werden von den Besitzern oft nicht bemerkt, sind aber wichtig für die Bildung einer sozialen Hierarchie, durch die Konflikte vermieden werden.

Welpenspielgruppen können eine ideale Möglichkeit für Welpen sein, um ihre soziale Kompetenz in einem sicheren Umfeld zu testen. Risikoreich sind aber Gruppen, in denen die Welpen nicht nach Größe und Entwicklungsstand getrennt werden.

Es ist wichtig, dass die Welpen jederzeit unter Beobachtung stehen, damit sie nicht eingeschüchtert und überfordert werden oder es lernen, andere zu tyrannisieren.

In einer Gruppe sollten höchstens fünf Welpen in einem Alter von unter 18 Monaten sein.

Die Welpen sollen lernen, sich von ihren Besitzern mit einem Hundegeschirr führen zu lassen, damit sie eine stabile Selbstkontrolle erreichen. Nicht empfehlenswert ist das Führen nur am Halsband mit Leine.

Hier ist das Spielverhältnis ausgeglichen, beide Welpen sind etwa gleich groß und sind beim Raufspiel sowohl über- als auch unterlegen.

›TTOUCH-TIPP

Wolken-Leopard-TTouch S. 26,
Liegender-Wolken-Leopard S. 28,
Ohren-TTouch S. 43,
Maul-TTouch S. 41

Ein Welpe mit starkem Körper und viel Energie braucht diese Führung, um auch mit kleineren oder weniger kräftigen Welpen spielen zu können. Wenn das Spiel zu übermütig wird, sollen sich die Welpen hinlegen lassen, dabei verändert der Besitzer die Rutenhaltung oder beruhigt seinen Welpen durch den streichenden TTouch Noahs Marsch.

Die Spieleinheiten sollen jeweils kurz sein, die Besitzer können die Welpen einen kurzen Moment halten und dann wieder ins Spielen entlassen.

Das Spiel muss auch durch die Besitzer unterbrochen werden, wenn ein Welpe einen anderen zu lange auf den Rücken zwingt. Der unterlegene Welpe muss die Chance haben, sich zu befreien, deshalb muss der Besitzer den stärkeren Welpen entfernen können.

Der Welpe links demonstriert seine Überlegenheit durch die hochgestellte Rute und das geöffnete Maul.

Es ist wichtig, dass Welpen einmal die Woche mit anderen Welpen spielen können.

Im Alter von fünf Monaten sollten Welpen eine gute Grunderziehung haben.

Sarah Marsh
Hundeerzieherin und TTEAM-Lehrein aus Großbritannien

Erziehung im Überblick

› Das wichtige Ziel der ersten Tage ist es, eine Bindung zum Welpen aufzubauen. Der Welpe braucht eine enge Bindung zu Ihnen und wird sie suchen. Wichtige Basis der Bindung ist gegenseitiges Vertrauen, das Sie durch zuverlässiges und freundliches Verhalten vertiefen. Die Bindung zwischen Mensch und Hund ist eine Verbindung von Herz zu Herz. Es soll aber auch nicht so sein, dass Ihr Welpe nicht ohne Sie sein kann. Deswegen ist TTouch so effektiv: Es vertieft Ihre Beziehung und macht Ihren Hund gleichzeitig selbstsicher, auch wenn er zeitweilig ohne Sie auskommen muss. Um eine enge Bindung aufzubauen, sind mehrere auf den Tag verteilte, wenige Minuten dauernde TTouch-Einheiten hilfreich.

- Respekt vor dem Tier ist eine wichtige Säule meiner Arbeit. Dazu gehört, die Sprache des Tieres zu lesen und zu verstehen. Ihr junger Hund wird sein Befinden mit seiner Körpersprache zeigen. Halten Sie Ihre Lerneinheiten kurz und seien Sie konsequent und klar, damit Ihr Welpe nicht müde wird. Er soll sich darauf freuen, mit Ihnen zu trainieren. Denken Sie an den Grundsatz, dass Sie ihm Ihre Begeisterung zeigen und ihm Wertschätzung zollen. Es ist nicht das Futterlob, es sind Ihre Anerkennung und Ihre TTouches, die Ihnen helfen, zu einer unvergleichlichen Gemeinsamkeit zu gelangen.
- Für mich ist der Begriff vom Hund als bestem Freund des Menschen keine leere Phrase, sondern gelebte Realität. Wenn auch Sie Ihren Hund als Freund anerkennen, werden Sie ein gutes Team sein.
- Machen Sie Ihrem Welpen auf freundliche und geduldige Weise klar, was Sie von ihm wollen. Oft entstehen Missverständnisse, weil man dem Jungtier zu wenig Zeit zum Reagieren lässt oder ihn überfordert. Geduld und eine einfache und klare Kommunikation sind wichtig für den Erfolg in der Erziehung.

Auch vom Zuschauen kann man lernen.

Körperpflege

Fellpflege

Eine regelmäßige Fellpflege ist für Besitzer von langhaarigen Hunden eine notwendige Pflegemaßnahme, damit das Fell nicht verfilzt. Vor allem in der Phase des Fellwechsels sollen Hunde gebürstet werden, damit sich die ausfallenden Haare vom nachwachsenden Fell lösen. Baden Sie Ihren Hund selten, damit die Struktur des Fells erhalten bleibt und es weiterhin wärmt und vor Schmutz schützt.

Benutzen Sie Shampoo, das der Gesundheit von Fell und Haut nicht schadet. Wenn Sie das Shampoo mit Wasser mischen, bevor Sie es ins Fell einmassieren, beugt das Hautirritationen bei empfindlichen Hunden vor.

Mit TTouch können Sie Ihren Welpen auf angenehme Weise auf das Bürsten und Trimmen vorbereiten und selbstsicherer machen. Ich empfehle, den jungen Hund durch das Haargleiten auf die Fellpflege einzustimmen. Bei langhaarigen Hunden, die getrimmt werden müssen, können Sie während des Haargleitens auch die lockere Unterwolle herausziehen.

Das Bürsten kann für Sie und Ihren Hund eine schöne Erfahrung sein. Seien Sie langsam und vorsichtig, damit Sie Ihren Hund nicht ängstigen. Wenn Sie Ihren Hund bürsten, sollten Sie Eile vermeiden, stattdessen sollten Sie sich Zeit lassen und es als eine Möglichkeit nutzen, die Bindung zu Ihrem Welpen zu vertiefen.

Wenn Ihr Welpe beim Bürsten empfindlich reagiert, wird die Bürste vorsichtig nur mit der Rückseite benutzt. Gleichzeitige TTouches vermitteln Sicherheit.

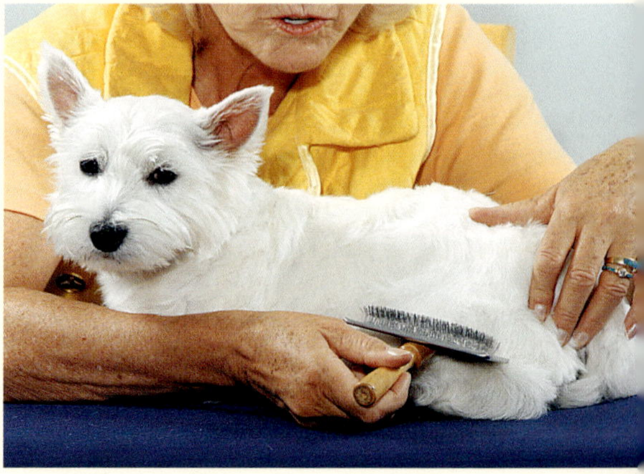

›TTOUCH-TIPP

*Wolken-Leopard-TTouch S.26,
Haargleiten S. 39,
Python-TTouch S. 34,
Aufgerollte-Python-TTouch S.32,
Waschbär-TTouch und Pfoten-TTouch S. 30 und 47,
Tarantel-TTouch S. 38*

Manche Hunde sind empfindlicher als andere. Nicht wenige Hunde, die zu mir gebracht werden, weil sie schwierig zu bürsten sein sollen, werden einfach zu schnell und zu grob behandelt.

TTouch und langsames Bürsten bereitet Ihren Welpen auf den Hundefriseur vor. Wenn Ihr Hund beim Bürsten mit der Haut zuckt, nicht still steht und weglaufen will, dann ist er wahrscheinlich sehr empfindsam und Sie eventuell zu unsensibel. Machen Sie Tarantel-TTouch, heben Sie die Haut sanft mit dem Fell, machen Sie langsame, kreisenden TTouches und danach Haargleiten.

Bei Regenwetter sollten Sie Ihren Hund daran gewöhnen, dass er sich die Pfoten, die Beine und seinen ganzen Körper abtrocknen lässt, bevor er ins Haus geht. Ich empfehle dafür als Vorbereitung den Python-TTouch an den Beinen und Pfoten-TTouch.

Jetzt wird langsam und behutsam gebürstet.

Besuch beim Hundefriseur

Bereiten Sie Ihren Welpen auf den Besuch beim Hundefriseur durch regelmäßige Fellpflege und TTouch zu Hause vor. Nun geht es darum, dass Ihr Welpe sich daran gewöhnt, auch von einem Fremden berührt und frisiert zu werden. TTouch fördert die Sicherheit und das Selbstbewusstsein Ihres Welpen.

Wenn Sie Ihren Hund das erste Mal zum Hundefriseur bringen, sollten Sie am Anfang bei ihm bleiben, bis er sich in der fremden Umgebung eingewöhnt hat. Bitte suchen Sie einen Friseur aus, der behutsam vorgeht. Falls Ihr Hundefriseur Interesse zeigt, demonstrieren Sie ihm einige TTouches. Ich kenne eine ganze Anzahl von Hundefriseuren, die TTouch in ihre Anwendungen integriert haben, weil es ihre Arbeit sehr vereinfacht.

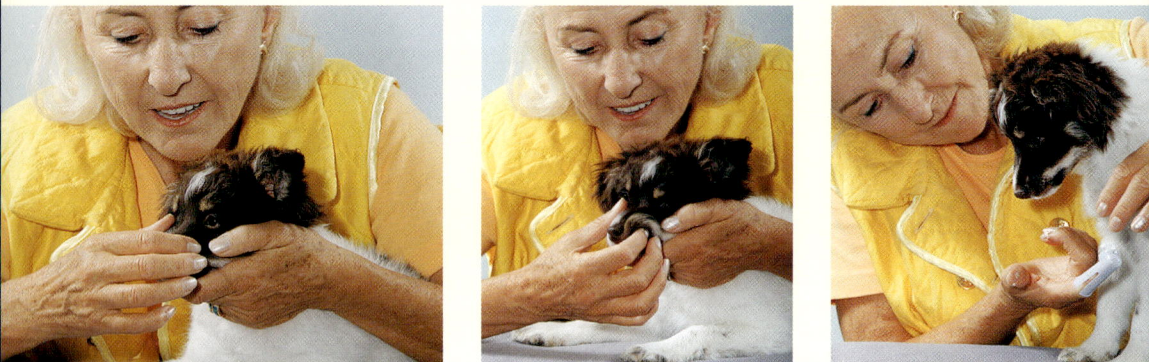

Liegender-Leopard-TTouches am Maul, Waschbär-TTouches am Zahnfleisch, dann wird die Fingerzahnbürste am Körper „vorgestellt".

Zahnkontrolle und Zähneputzen

Jeder Welpe sollte sich daran gewöhnen, seine Zähne kontrollieren und gegebenenfalls auch putzen zu lassen. Sie sollten die Zähne Ihres Hundes einmal jährlich von Ihrem Tierarzt kontrollieren lassen. Bei manchen Rassen kommt es zur vermehrten Zahnsteinbildung, dann sollten die Kontrollen häufiger vorgenommen werden. Zähneputzen, das Kauen auf geeigneten Knochen und eine gesunde Diät können bei diesem Problem hilfreich sein.

Bei der Begutachtung bei Hundeausstellungen und Zuchtprüfungen gehört die Gebisskontrolle durch Richter standardmäßig zum Programm. Da das Maul in direkter Verbindung zum limbischen System im Gehirn steht, das die Emotionen steuert, beeinflussen Sie mit den sanften Maul-TTouches die Gefühlslage Ihres Welpen auf positive Weise.

Mit Liegender-Leopard-TTouches und Maul-TTouches lernt Ihr Welpe, sich stressfrei an Berührungen am und im Maul zu gewöhnen.

In der Phase des Zahnwechsels sollten Sie Ihrem Welpen Kauknoten oder -knochen anbieten, auf denen er kauen und beißen kann. Waschbär-TTouches am Zahnfleisch während des Zahnens können helfen, damit Ihr Welpe nicht an Ihren Möbeln oder anderen verbotenen Objekten herumkaut. Hilfreich sind auch Maul-TTouches mit einem kühl-feuchten Waschlappen.

›TTOUCH-TIPP

Liegender-Leopard-TTouch S. 28,
Maul-TTouch S. 41,
Waschbär-TTouch S. 30

Krallenschneiden

Das Krallenschneiden ist eine wichtige Maßnahme für ein langes und gesundes Hundeleben, die oft vernachlässigt wird. Wenn die Nägel zu lang werden, krümmen sie sich nach hinten und die Pfoten treten nicht mehr normal auf. Der Hund verlagert sein Gewicht auf den hinteren Teil der Pfoten, wodurch Verspannungen und eine unsichere Körperhaltung entstehen. Mit TTouch lernt Ihr Hund seine Beine und Pfoten zu entspannen und behandeln zu lassen; das ist kein selbstverständliches Verhalten von Hunden.

›TTOUCH-TIPP

Aufgerollter -Python-TTouch S. 32,
Python-TTouch S. 34,
Waschbär-TTouch zwischen den Ballen und Pfoten-TTouch S. 47

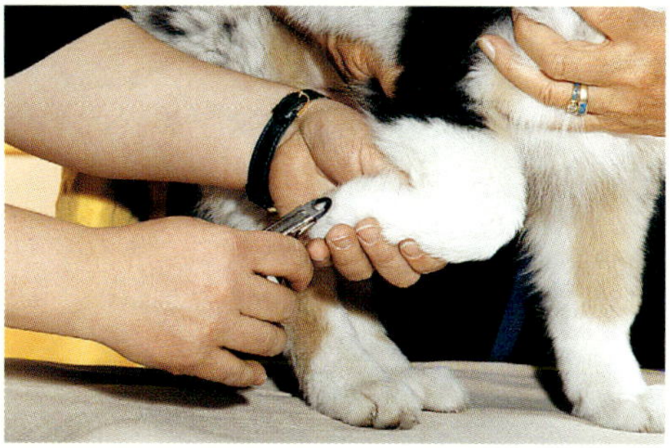

TTouch an den Vorder- und Hinterbeinen bereiten das Krallenschneiden vor. Nur wer ausreichend Erfahrung hat, sollte die Krallen selbst schneiden.

Wenn Sie die Krallen Ihres Hundes beim Gehen auf glattem Untergrund hören können, kontrollieren Sie die Krallenlänge. Wenn Ihr Hund still steht, sollen die Krallen den Boden nicht berühren.

Sie sollten das Krallenschneiden dem Tierarzt oder Hundefriseur überlassen, wenn Sie wenig Erfahrung damit haben. Es besteht die Gefahr, dass Sie die Krallen zu kurz schneiden.

Zeckenkontrolle

Zeckenbisse gehören in der warmen Jahreszeit zum Alltag. Wie Menschen können sich auch Hunde mit der gefährlichen Bakterienkrankheit Borreliose infizieren. Wenn Ihr Hund nach einem Zeckenbiss krank wird, sollten Sie Ihren Tierarzt aufsuchen und überprüfen lassen, ob es sich um Borreliose handelt.

Sie sollten Ihren Hund ab dem Frühjahr und den Sommer über täglich nach Zecken absuchen und sie restlos entfernen. Es gibt im Fachhandel Zeckenzangen, Zeckenhaken oder Zeckenkarten, die einfach und praktisch zu handhaben sind. Halsbänder, Sprays oder Shampoos zur Insektenabwehr schützen den Hund leider nicht 100%ig vor Zecken. Außerdem können manche dieser Produkte schädlich für den Hund und diejenigen sein, die mit ihm umgehen.

Sie können Ihren Hund an das Absuchen und Entfernen der Zecken gewöhnen. Es macht Ihnen die Sache leichter, wenn Ihr Hund dabei ruhig liegen oder stehen bleibt. Durch die Behandlung mit TTouch lernt er, die Zeckenkontrolle entspannt hinzunehmen.

›TTOUCH-TIPP

Noahs Marsch S. 37,
Waschbär-TTouch S. 30,
Tarantel-TTouch S. 38

Sanfte Gewöhnung an den Einsatz der Zeckenzange.

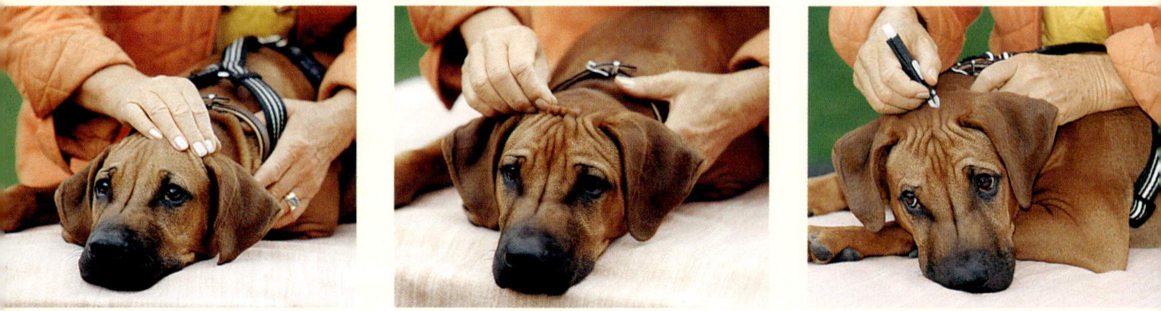

Wenn Sie Ihren Welpen mit TTouch am Hinterteil vorbereiten, erleichtert Ihnen das Fiebermessen.

Fieber messen

Um die Körpertemperatur exakt zu messen, sollten Sie das Thermometer rektal einführen. Machen Sie Ihren Hund schon vor dem ersten Tierarztbesuch mit dem Fieberthermometer vertraut und gewöhnen Sie ihn daran, dass Sie seinen Hinterleib berühren und einige Minuten fixieren.

Um das Fieberthermometer leichter einführen zu können, sollten Sie auf die Spitze ein wenig Vaseline auftragen. Moderne Digitalthermometer sind dünn und unzerbrechlich, messen exakt und Sie können die Temperatur bequem ablesen.

Die normale Temperatur eines Hundes liegt zwischen 37,5° und 38,5° C.

Ruten-TTouches sowie Aufgerollte-Python-TTouches und Waschbär-TTouch rund um den Anus sind besonders gut geeignet, um Ihren Hund auf das Fiebermessen vorzubereiten.

›TTOUCH-TIPP

Waschbär-TTouch S. 30,
Aufgerollte-Python-TTouch S. 32,
Ruten-TTouch S. 45

Besuch beim Tierarzt

Es gibt weltweit inzwischen eine große Zahl an Tierärzten, die mit TTouch und TTEAM vertraut sind und sie mit viel Erfolg als unterstützende oder begleitende Maßnahmen zur Therapie anwenden. Dr. med. vet. Daniela Zurr hat in ihrem Fachbuch „TTouch und TTEAM in der tierärztlichen Praxis" die vielfältigen Anwendungsmöglichkeiten für Tiermediziner beschrieben (siehe Seite 132).

Sie als Hundebesitzer können mit TTouch eine Menge tun, um Ihren Welpen gesund zu halten und ihn auf den Besuch beim Tierarzt vorzubereiten.

- Wichtiger Erste-Hilfe-TTouch ist das Ausstreichen der Ohren bei Schockzuständen und Ohnmacht. Ich konnte mit Ohren-TTouch schon das Leben von Tieren und Menschen retten, bis ärztliche Hilfe kam oder ich beim Tierarzt eintraf. Ich kenne viele ähnliche berührende Berichte von anderen Menschen.
- Ohren-TTouches sind generell eine gute Vorbereitung auf die tierärztliche Untersuchung, speziell auch auf Ohruntersuchungen und sie helfen bei Schmerzen und Verdauungsbeschwerden. Ohren-TTouches dienen auch zur Stabilisierung von Atmung und Kreislauf.
- Ohren-TTouches und Aufgerollte-Python-TTouches entspannen Ihren Hund auf dem Weg zum Tierarzt, im Warteraum und während der Untersuchung und Behandlung. Es ist außerdem für Sie eine Möglichkeit, Ihrem Hund zu helfen, statt hilflos zu sein.

›TTOUCH-TIPP

Ohren-TTouch S. 43,
Liegender-Leopard-TTouch S. 28,
Aufgerollte-Python-TTouch S. 32,
Körperbandagen S. 87,
T-Shirt S. 88

Das Ausstreichen der Ohren ist ein wichtiger Erste-Hilfe-TTouch.

- Körperbandage oder T-Shirt geben ängstlichen und aufmerksamkeitsgestörten Welpen einen Rahmen und sie helfen dem Tier, sich im Körper sicherer zu fühlen, während es sich auf dem Weg zum Tierarzt oder im Warteraum befindet.

Allein zu Hause

In der ersten Zeit sollten Sie Ihren jungen Hund nicht alleine lassen, aber nachdem Sie eine Bindung aufgebaut haben, sollten Sie Ihren Hund darauf vorbereiten, auch mal eine Weile alleine zu bleiben, denn wahrscheinlich können Sie das Alleinlassen in Zukunft nicht vermeiden.

Am besten übt man das Alleinebleiben nach einem ausgiebigen Spaziergang oder Spiel, also in einer Phase, in der der Welpe natürlicherweise ein Ruhebedürfnis hat. Seine Box sollte mit genügend Beschäftigungsspielzeug, z.B. einem gefüllten Kong, ausgestattet sein. Auch entspannende Musik kann hilfreich sein, damit der Hund in einem entspannten Zustand bleibt.

Ich finde es wichtig, dem Welpen zu sagen, dass man geht. Schön ist es auch, ihm eine Aufgabe zu geben z. B. „Pass schön auf dein Spielzeug auf". Verabschieden sollte man sich mit einer sanften Stimme und ruhigen Verfassung. Je ruhiger Sie sind und je positiver die Bilder in Ihrem Kopf, desto ruhiger wird sich auch Ihr Welpe verhalten. Begrüßen Sie ihn mit sanfter und ruhiger Stimme, und strahlen Sie aus, dass es absolut selbstverständlich ist, das Ihr Welpe brav und gelassen alleine geblieben ist. Bereiten Sie Ihren Welpen vor, indem Sie ihn an Ruhezeiten in seiner geschlossenen Box mehrmals am Tag gewöhnen, wobei Sie anwesend sind.

Verlängern Sie die Zeiten in der Box und verlassen Sie dann auch den Raum und schließlich das Haus. Machen Sie kein großes Aufheben, in seiner vertrauten Höhle wird Ihr Welpe lernen, sich wohl und sicher zu fühlen. Welpen sind oft überfordert, wenn sie sich alleine im gesamten Haus bewegen können. Dies bietet ihnen nicht die nötige Sicherheit und Stress wirkt sich auf Blase und Verdauungsorgane aus.

Wenn Sie einen Welpen haben, der schon negative Verknüpfungen mit dem Alleinebleiben hat, sollten Sie noch einmal ganz behutsam von vorn anfangen.

›TTOUCH-TIPP

Kreisende TTouches ab S. 26,
Ohren-TTouch S. 43,
Maul-TTouch S. 41,
Körperbandagen S. 87,
Ruten-TTouch S. 45,
Bauchheben S. 44, T-Shirt S. 88

Körperbänder

Körperbänder intensivieren das Gefühl Ihres Welpen für den eigenen Körper und machen ihn sicherer in seinen Bewegungen und in seinem Verhalten. Junghunde, die Angst vor lauten Geräuschen haben oder beim Autofahren unsicher reagieren, profitieren von der Körperbandage.

Das Anlegen der Körperbandage Schritt für Schritt.

›TTOUCH-TIPP

Tarantel-TTouch S. 38,
Lecken der Kuhzunge S. 36

Verwenden Sie als Körperband elastische Bandagen, die Sie z. B. in der Apotheke kaufen können. Nehmen Sie die Mitte der Bandage, legen Sie sie unten um die Brust des Welpen und überkreuzen Sie sie oben über dem Rücken. Führen Sie die Enden nach unten einmal um den Rumpf herum und verbinden Sie die Enden am Rücken mit einer Babysicherheitsnadel oder einem Knoten. Achten Sie darauf, dass die Bandage flach und weder zu stramm noch zu locker anliegt.

T-Shirt

T-Shirts haben sich bewährt, um ängstlichen und nervösen Welpen einen sicheren Rahmen zu geben. Es gibt inzwischen eine reiche Auswahl an Hunde-T-Shirts in verschiedenen Größen, die sich einfach an- und ausziehen lassen. In der Bildfolge sehen Sie, wie ein T-Shirt Schritt für Schritt angezogen wird.

Das T-Shirt sollten Sie langsam und vorsichtig anziehen, damit der Welpe lernt, das T-Shirt gern zu tragen. Zuerst werden beide Beine in die Ärmel geschoben, dann wird der Ausschnitt über den Kopf geführt und das T-Shirt am Körper heruntergezogen.

Ihr Welpe sollte das T-Shirt tragen, wenn er sehr aufgeregt ist, mangelndes Selbstvertrauen hat und Schüchternheit zeigt. Auch beim Training im Lernparcours ist das T-Shirt nützlich. Wie lange Ihr Welpe das T-Shirt tragen sollte, hängt vom Einzelfall ab. Ich empfehle das T-Shirt unter Aufsicht tragen zu lassen.

›TTOUCH-TIPP

Tarantel-TTouch S. 38,
Lecken der Kuhzunge S. 36

Die stolze Afghanenmutter mit ihrem Wurf.

Hündin und Welpen

Wenn Sie Hunde züchten, dann können Sie mit TTouch eine Menge tun, um der Hündin die Zeit der Trächtigkeit und die Geburt zu erleichtern. Ich habe im Laufe meines Lebens viele Geburten miterleben dürfen und war immer fasziniert von der Kraft der Natur. Mit TTouch kann man dieses Wunder nicht nur erleben, sondern der Hündin auf sanfte Art die Schmerzen erleichtern und bei den Wehen Unterstützung anbieten.

Die Möglichkeit, während der Trächtigkeit mit kreisenden TTouches am Bauch mit den Welpen Kontakt aufzunehmen, wird von immer mehr Menschen genutzt. Mich haben viele berührende Berichte erreicht, dass sich im Mutterleib gettouchte Jungtiere von Anfang an dem Menschen enger anschließen und ein vertrautes Verhältnis aufbauen.

Während der Trächtigkeit können Sie mithilfe von sanften Bauchhebern den Druck auf die Bauchdecke mildern. Liegender-Leopard-TTouches und Aufgerollter-Python-TTouches an der Milchleiste bereiten die werdende Mutter auf das Saugen der Jungen vor.

Ohren-TTouches helfen sowohl während der Trächtigkeit als auch während der Geburt, denn sie wirken regulierend auf die Atmung und den Kreislauf.

Ohren-TTouch.

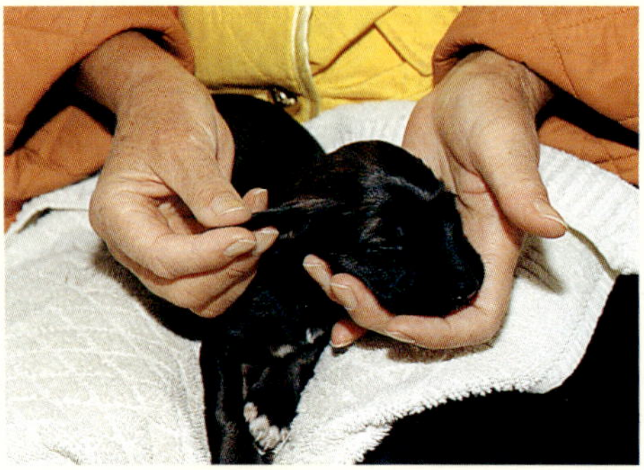

Maul-TTouch.

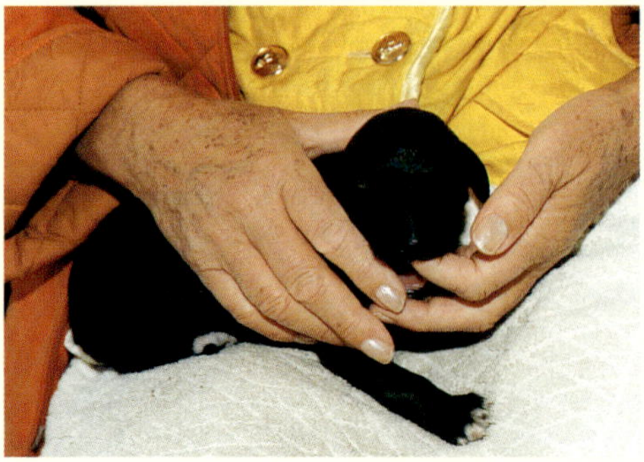

>LINDAS TIPP

Wenn Ihre Hündin nervös auf den Rüden und den Deckakt reagiert, sind Ohren-TTouch, Ruten-TTouch, Python-TTouch an den Oberschenkeln, Pfoten-TTouch und Tarantel-TTouch hilfreich, um ihr Selbstvertrauen zu stärken.

Falls die Hündin die Welpen nicht annehmen sollte, können langsame und verbundene Liegender-Leopard-TTouches überall am Körper und an den Ohren sowie TTouches am Maul hilfreich sein, um die emotionale Balance wieder herzustellen. Das limbische System im Gehirn, das die Emotionen reguliert, ist mit dem Maul verbunden, sanfte TTouches in diesem Bereich wirken also positiv auf die Gefühlslage des Hundes.

Liegender-Leopard-TTouches am Gesäuge mit einem warmen Waschlappen beruhigen die strapazierten Zitzen und die gedehnte Haut.

Wenn ein Welpe das Trinken verweigert oder zu schwach dazu ist, können TTouches am Maul, am Zahnfleisch und auf der Zunge aktivierend wirken. Ohren-TTouches und Waschbär-TTouches am ganzen Körper wecken die Lebensenergie und unterstützen den Kreislauf des Welpen.

>TTOUCH-TIPP

Bauchheben S. 44,
Liegender-Leopard-TTouch S. 28,
Aufgerollter-Python-TTouch S. 32,
Ohren-TTouch S. 43,
Maul-TTouch S. 41,
Waschbär-TTouch S. 30

Bauchheben.

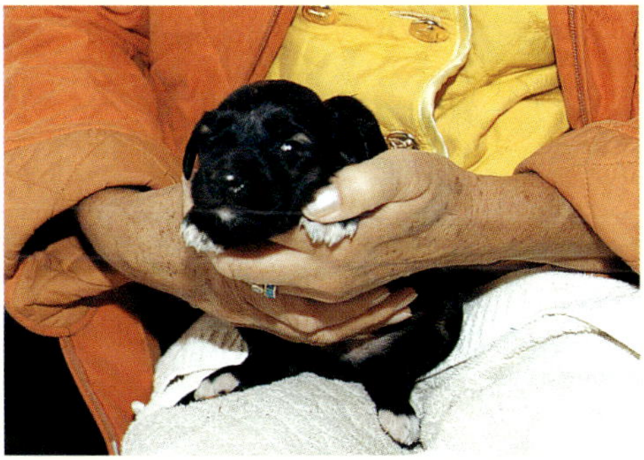

Ruten-TTouch.

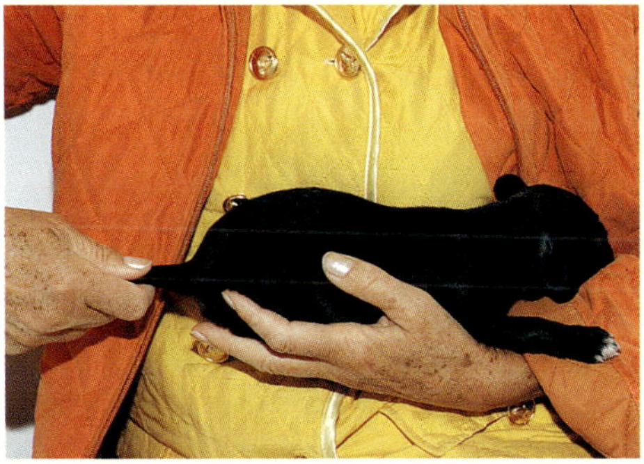

Lern- und Erziehungstraining

- Ausrüstung für das Training im Lernparcours 94
- Sitzen, Hinlegen, Warten, Kommen und Führen 96
- Im Lernparcours 113
- Dog-Dancing 121

Ausrüstung für das Training im Lernparcours

Halsband: Ich empfehle breite, glatte und flache Halsbänder, die sich nicht zuziehen können.

Kopfhalfter Halti.

Halti/Snoop Loop: Haltis oder Snoop Loops sind Kopfhalfter für Hunde, mit denen Sie Ihren Hund beidhändig führen und ihm sanft den Weg zeigen können. Es gibt sie in verschiedenen Größen und Ausführungen, damit sie nicht am Kopf verrutschen können. Bei Welpen verwende ich normalerweise noch kein Halti. Ich verwende das Kopfhalfter immer zusammen mit einem Brustgeschirr oder Halsband und mit einer langen Leine, die beidhändig geführt wird (siehe Seite 105).

Leine: Ich empfehle zwei Meter lange und flache Leinen, die an beiden Enden mit kleinen Karabinerhaken ausgestattet sind, damit sie zweifach am Hundegeschirr oder am Kopfgeschirr und Halsband eingehakt werden können und somit das beidhändige Führen ermöglichen. Ich praktiziere das beidhändige Führen, da es den Menschen feinfühliger reagieren lässt und dem Hund dadurch klare und bewusste Signale übermittelt werden.

Hundegeschirr: Hundegeschirre sind beim Führen schonender für die Wirbelsäule des Hundes als ein Halsband, weil sich Zug und Druck nicht an der empfindlichen Halswirbelsäule konzentrieren. Hundegeschirre gibt es in verschiedenen Ausführungen im Fachhandel. Auch beim Hundegeschirr bevorzuge ich die beidhändig geführte Leine.

„Step-in"-Brustgeschirr: Dieses Brustgeschirr (siehe Seite 106) hat einen Schnappverschluss am Rücken mit zwei

Hundegeschirr.

Körperbandage.

Befestigungsringen sowie jeweils einen Ring an den Schulterseiten und einen vorn an der Brust. Für dieses Brustgeschirr benötigen Sie eine Leine mit Befestigungshaken an jedem Leinenende.

Gerte: Ich empfehle für Hunde ebenso wie für das Training mit Pferden weiße Gerten, die zum Führen und Spielen eingesetzt werden. Die Gerten dienen zum Abstreichen des Körpers und als optische Zeigestäbe. Der Welpe wird damit zum Beispiel durch das Labyrinth oder auf ein Brett geleitet (siehe Seite 113 und 114).

Bandagen / Körperband: Das Körperband intensiviert das Gefühl des Hundes für den eigenen Körper und macht ihn sicherer in seinen Bewegungen und in seinem Verhalten. Welpen, die Angst vor lauten Geräuschen haben oder beim Autofahren nervös reagieren, profitieren von der Körperbandage. Sie hilft außerdem bei der Rekonvaleszenz verletzter Hunde. Verwenden Sie als Körperband elastische Bandagen, die Sie z. B. in der Apotheke kaufen können (siehe Seite 87).

T-Shirt: T-Shirts für Hunde sind kein Modegag, sondern ich empfehle sie bei Welpen, die unsicher und nervös sind. Der enge Kontakt mit dem Stoff am Körper wirkt beruhigend und einrahmend. T-Shirts für Hunde gibt es in verschiedenen Größen im Fachhandel (siehe Seite 88).

Die weiße Gerte.

Hunde-T-Shirt.

Sitzen, Hinlegen, Warten, Kommen und Führen

Für alle Hunde sind diese vier Basisübungen im gesamten Hundeleben wichtig. Ihre Körpersprache, eine spielerische Atmosphäre und viel Lob helfen beim Lernen. Konsequenz und richtiges Timing sind auch nötig, um erfolgreich zu sein.

Die eigene Vorstellungskraft hilft, sich auf die Übungen einzustimmen. Machen Sie sich ein klares Bild vom Ablauf der Übung, die Sie Ihrem Welpen beibringen wollen.

Schon beim Füttern habe ich beschrieben, wie ich dem Welpen zeige, dass er sitzen und warten soll, bis ich den Futternapf freigebe (siehe Seite 69). Dieser Ablauf gilt auch in anderen Lebenslagen. Um das Training zu vereinfachen, beschreibe ich den Ablauf Schritt für Schritt.

Ich empfehle, die ersten Übungen im Haus, im Garten oder in einem anderen umzäunten Bereich zu üben, in dem Sie nicht durch andere Hunde abgelenkt werden.

Hilfreich ist es, das Sitzen und Hinlegen auf einem Stück Teppich oder Stoff zu üben, das gibt dem Welpen einen Bezug zum Untergrund und zu seinem Platz. Diese Idee habe ich bei der australischen TTEAM-Lehrerin Andy Robertson gesehen, die damit große Erfolge beim Hundetraining hat.

„Geh auf deine Matte“

Sie können Ihrem Welpen leicht und mit viel Spaß beibringen, dass er auf einen bestimmten Platz gehen und dort bleiben soll, wenn Sie dazu eine Unterlage verwenden. Dieses Hilfsmittel kann auch für die Vorbereitung zur Gewöhnung an die Transportbox hilfreich sein. Die folgende Anleitung basiert auf dem Training der australischen TTEAM-Lehrerin Andy Robertson.

- Sie benötigen eine Matte oder ein Stück Teppich sowie die Lieblingsleckerli Ihres Welpen.
- Legen Sie die Matte auf den Boden, halten Sie Ihren Welpen dabei an der Leine. Auf der Matte platzieren Sie ein Leckerli und sagen zu Ihrem Welpen:

So bleibt ein Welpe gern an seinem Platz.

Stimm- und Handsignal: „Bleib auf deiner Matte".

„Geh auf deine Matte", mit gleichzeitigen hinweisenden Arm- und Handsignalen. Ermuntern Sie Ihren Welpen, sodass er auf die Matte geht und sich den Futterbrocken nimmt. Belohnen Sie ihn mit einem weiteren Futterstück, sodass er auf der Matte bleibt.

› Rufen Sie Ihren Welpen von der Matte herunter und wiederholen Sie die Übung drei bis fünf Mal mit Futterbelohnung und hinweisenden Arm- und Handsignalen.

› Wenn Ihr Welpe verstanden hat, dass er auf der Matte stehen bleiben soll, können Sie ihm das Sitzen und Bleiben auf der Matte zeigen (siehe Seite 98). Vergessen Sie nicht, dass die Übungen nur wenige Sekunden dauern sollen und Sie Ihren Welpen dann wieder entlassen, z. B. mit dem Wort „Frei" oder „Lauf".

› Jedes Mal, wenn Sie Ihren Welpen auf die Matte bitten, sollte er sich hinsetzen, zuerst fünf Sekunden, dann zehn Sekunden und so weiter. Manche Welpen können von Anfang an länger als einige Sekunden auf der Matte sitzen bleiben, aber achten Sie darauf, dass Sie die Aufmerksamkeit Ihres Hundes behalten. Wenn Sie zu schnell vorgehen, könnte es sein, dass Ihr Welpe das Gelernte nicht richtig verinnerlicht.

› Im weiteren Trainingsverlauf sollten Sie Ihre Arm- und Handsignale reduzieren, sodass später Ihr Stimmsignal und eine kleine Geste mit der Hand in Richtung Matte ausreichen.

› „Geh auf deine Matte" kann auch für das Lerntraining zum Hinlegen und Warten genutzt werden. Ihr Welpe hat verstanden, dass er für das Gehen zur Matte und das Hinsetzen und Warten belohnt wird, also können Sie daran anknüpfen, um die Signale zum Hinlegen, Warten und Laufenlassen zu etablieren (siehe Seite 100).

› Verlängern Sie die Zeiten zwischen Hinlegen und Freilassen kontinuierlich.

Transportbox und Matte

- Die Matte kann für die Gewöhnung eines zögerlichen Welpen an die Transportbox nützlich sein, wenn er die Matte positiv kennen gelernt hat. Legen Sie die Matte in die Box und platzieren Sie ein Leckerli darauf, sodass Ihr Welpe den Futterbrocken sehen kann. Schließen Sie die Tür der Box, während Ihr Welpe zusieht.
- Zeigt er nun Interesse am Leckerli in der Box, öffnen Sie die Tür und lassen Ihren Welpen hinein, damit er sich das Leckerchen aus der Box holen kann.
- Wenn Ihr Welpe das mehrere Male gemacht hat, schließen Sie die Tür hinter ihm, halten die Tür einige Sekunden geschlossen und öffnen sie dann wieder.
- Verlängern Sie nach und nach die Zeiträume, in der Sie die Tür geschlossen halten.

Denken Sie daran, dass Sie den Aufenthalt in der Box für Ihren Hund so angenehm wie möglich machen.

>LINDAS TIPP

Ich empfehle Ihnen, sich schon vorher ein klares Bild vom gewünschten Ablauf der Übung zu machen; dies hilft Ihnen und Ihrem Welpen, sich zu konzentrieren.

Sitzen und Warten

Ich zeige Ihnen einen einfachen und für den Welpen angenehmen und freundlichen Weg, um ihm das Sitzen und Warten beizubringen.

Sie benötigen für das Training das Brustgeschirr mit Leine sowie genügend klein geschnittene Würfel vom Lieblingsfutter Ihres Welpen.

- Sprechen Sie Ihren Welpen freundlich und mit Namen an, er soll seine Aufmerksamkeit auf Sie lenken.
- Nehmen Sie einen Futterwürfel von der Größe einer Erbse und halten Sie ihn vor die Nase Ihres Welpen. Während er das Futter anvisiert, bewegen Sie Ihre Hand über den Kopf Ihres Hundes nach hinten zwischen seine Ohren. Die Nase Ihres Welpen wird der Hand folgen, dabei muss er den Kopf zurücknehmen, seine Balance verschiebt sich nach hinten und er wird seinen Körper in die Sitzposition bringen.
- Sofort wenn er sitzt, geben Sie Ihrem Welpen das Futterstück. Sie brauchen das Wort „Sitz“ erst zu sagen, sobald Ihr Welpe sitzt, nicht schon vorher, denn dann kann Ihr Hund die Übung verstehen und die richtige Verbindung herstellen.
- Wiederholen Sie die Übung fünf Mal.
- Wenn Ihr Welpe nach hinten ausweichen sollte, üben Sie in einer Ecke, die

Ihren Hund nach hinten begrenzt. Wenn Ihr Welpe hochspringt, dann halten Sie das Futter wahrscheinlich zu hoch: Sie müssen es dicht vor und über seiner Nase halten.

- Wenn Sie das Hinsetzen mit Futter gut hinbekommen, ist es Zeit, das Stimmsignal einzuführen. Sagen Sie „Sitz" und führen Sie dabei das Futter über die Hundenase, sodass sich Ihr Welpe hinsetzt. Wiederholen Sie das Stimmsignal nicht mehrmals. Wenn Sie sich dabei ertappen, sagen Sie „Sitz" und zählen dann innerlich bis zehn, ehe Sie es wiederholen. Das gibt Ihrem Welpen Zeit, auf Ihr Signal zu reagieren.
- Wenn Ihr Welpe sich auf das Stimmsignal hinsetzt, können Sie die Übung Warten einführen. Sobald Ihr Welpe sitzt, sagen Sie „Warte" oder „Bleib" und belohnen ihn, sodass er sitzen bleibt. Wiederholen Sie das Stimmsignal drei bis fünf Mal mit Futter, dann lösen Sie die Übung mit dem Wort „Lauf" oder „Frei" auf.
- Jedes Mal, wenn Sie mit Ihrem Welpen die Sitzübung machen, sagen Sie ihm „Warte" und geben eine Belohnung. Verlängern Sie die Zeiträume zwischen „Warte" und der Futtergabe sehr langsam, aber kontinuierlich.
- Es kann passieren, dass Ihr Welpe mit oder schon kurz vor Ihrem Freigabewort losläuft, beides ist im Training in Ordnung. Üben und loben Sie weiter.
- Sie können nun die Übung Sitzen und Warten in Ihre tägliche Tagesroutine integrieren.

›LINDAS TIPP

Haben Sie Geduld im Training, oft brauchen junge Tiere etwas länger, um eine Übung verstehen und umsetzen zu können.

Das Futter wird dicht über der Nase nach hinten geführt.

Sobald der Welpe sitzt, wird sofort gelobt und gefüttert.

Hinlegen und Warten

Wenn Ihr Welpe das Sitzenbleiben gut umsetzt und Sie die Zeichen etabliert haben, können Sie mit dem Hinlegen auf dem Bauch beginnen, das später auch ein schnelles Ablegen aus dem Laufen heraus oder ein seitliches, tiefes Hinlegen werden kann (siehe auch Seite 126).

- Sie benötigen die übliche Ausrüstung, genügend Leckerli und eventuell die Matte (siehe Seite 96).
- Halten Sie ein kleines Futterstück in der Größe einer Erbse vor die Nase Ihres Welpen. Wenn Ihr Welpe im Stehen das Futter anvisiert hat, bewegen Sie Ihre Hand mit dem Futter hinunter zum Boden. Ihr Welpe wird seine Nase nach unten bewegen, um dem Futter zu folgen, und in den meisten Fällen wird auch der Körper zum Boden gehen und Ihr Welpe eine liegende Position einnehmen.
- Sie können Ihren Welpen auch aus der Sitzposition mit der gleichen Bewegung Ihrer Hand zum Boden leiten.
- Wenn Sie diese Übung auf einer weichen oder glatten Unterlage üben, kann das dem Welpen das Hinlegen vereinfachen.
- Sofort wenn Ihr Welpe liegt, belohnen Sie Ihren Hund mit Futter. Wiederholen Sie die Übung fünf Mal.
- Wenn Sie Ihren Welpen mit dem Futter sicher nach unten locken können,

Schritt für Schritt vom Sitzen ins Liegen.

>LINDAS TIPP

Wenn Ihr Welpe sich zu stark auf das Futter konzentriert, vergisst er zu denken. TTouch lehrt ihm, nicht nur Instinkt gesteuert zu handeln, sondern bewusst. Ihr Welpe wird mit TTouch zu einem intelligenten und wunderbaren Begleiter.

wird es Zeit, das Codewort dafür einzuführen. Sagen Sie „Platz“ oder „Lieg“ und bewegen Sie das Futter hinunter zum Boden, damit Ihr Welpe Ihren Signalen folgt. Zählen Sie bis zehn, bevor Sie das Stimmsignal wiederholen, so bekommt Ihr Welpe Zeit zu reagieren.

> Sobald Ihr Welpe liegt, können Sie das Wort „Warte“ ergänzen. Sofort nachdem Sie „Warte“ gesagt haben und Ihr Welpe liegen bleibt, geben Sie zur Belohnung Futter. Wiederholen Sie diese Übung drei bis fünf Mal. Dann entlassen Sie Ihren Welpen, z. B. mit dem Wort „Frei“ oder „Lauf“. Auch das Hinlegen sollten Sie täglich üben.

> Wenn Ihr Welpe die Übung sicher beherrscht, können Sie drei oder vier kreisende TTouches und das Lob mit der Stimme anstelle der Futterstücke einführen. Durch die kreisenden TTouches bekommen Sie eine bessere Verbindung zu Ihrem Hund und er lernt, sich nicht zu stark auf das Futter zu konzentrieren.

Kommen

> Sie benötigen das übliche Equipment, eventuell eine Leine und genügend Futter, um Ihrem Hund das Kommen beizubringen.

> Suchen Sie sich einen Helfer, der etwa drei Meter von Ihrem Welpen entfernt bleibt. Der Abstand hängt von der Größe des Welpen ab, bei einem kleinen Foxterrier sind es vielleicht nur zweieinhalb Meter, bei einem Dalmatiner etwa dreieinhalb Meter. Halten Sie Ihren Welpen an der Leine am Brustgeschirr.

> Der Helfer ruft Ihren Welpen mit seinem Namen, um seine Aufmerksamkeit zu erregen, Ihr Welpe wird zu der Person laufen wollen. Lassen Sie Ihren Welpen frei, sodass er zu der Person laufen kann, die ihn erneut ruft. Wenn er auf dem Weg ist, ruft der Helfer ihn wieder mit Namen und macht

>TTOUCH-TIPP

*Liegender-Leopard-TTouch S. 28,
Tarantel-TTouch S. 38,
Ohren-TTouch S. 43*

interessante Geräusche, z. B. ein Klicken mit der Zunge, ein Pfiff oder er klopft mit den Fingern auf den Boden.

- Wenn Ihr Welpe beim Helfer angekommen ist, nimmt er die Leine auf und gibt ihm zur Belohnung für sein Kommen ein Stück Futter.
- Wiederholen Sie die Übung, aber so, dass Ihr Welpe zu Ihnen kommt.
- Wiederholen Sie die Komm-Übung drei bis fünf Mal. Wenn Sie täglich üben, wird Ihr Welpe immer schneller zu der rufenden Person hinlaufen. Wenn Sie kein Futter benutzen wollen, können Sie Ihren Welpen auch mit einigen kreisenden TTouches unter dem Kinn oder mit einem Stimmlob „Guter Junge/Gutes Mädchen" belohnen.
- Wenn Ihr Welpe sicher zum Helfer und Ihnen zurückkommt, können Sie das Sitzen und Hinlegen ergänzen, dann wird die Übung mit dem Wort „Frei" oder „Lauf" beendet.

›LINDAS TIPP

Sie können die Lektionen Sitzen, Hinlegen und Kommen auch mit Clickertraining üben, das Sie sehr gut mit TTouch kombinieren können (siehe Buchtipp Seite 132).

„Warte" mit Stimm- und Handzeichen.

Warten und Bleiben

Sie können diese Übung mit oder ohne Leine üben, Sie benötigen genügend Stücke vom Lieblingsfutter Ihres Welpen.

Die Übung „Warte" oder „Bleib" ist ein guter Weg, um Ihrem Welpen zu zeigen, dass er in Ihrer Nähe sein kann, ohne dass er Ihnen ständig Schritt für Schritt folgt.

- Verwenden Sie das Codewort „Warte" oder „Bleib" und ergänzen Sie ein passendes Handsignal: Sie heben Ihre Hand in Richtung Ihres Welpen, sodass er die Handinnenfläche sehen kann.
- Sie können dies üben, während Ihr Welpe auf seiner Matte oder in seinem Körbchen sitzt oder liegt oder eben dort, wo Sie es Ihrem Welpen gern beibringen wollen.

- Bitten Sie Ihren Welpen, sich hinzusetzen, danach gibt es ein Futterlob. Zeigen Sie Ihrem Welpen das Handsignal vor seiner Nase, sagen Sie mit normaler Stimme „Bleib“ und geben Sie ihm einen Futterwürfel.
- Üben Sie dies mehrmals täglich. Verlängern Sie nach und nach die Zeitabstände zwischen dem Stimmsignal und der Belohnung. Dann lösen Sie die Übung auf, indem Sie das Signal zum Beenden der Übung wie „Frei“ oder „Lauf“ sagen.
- Im Laufe des weiteren Trainings verlängern Sie die Zeitabstände zwischen dem Stimmsignal und der Futterbelohnung.

Warten und Bleiben mit Distanz

- Loben Sie Ihren Hund mit der Stimme, z. B. „Guter Hund“. Während Ihr Welpe wartet, machen Sie einen kleinen Schritt rückwärts und wiederholen dabei das Stimmsignal „Warte“. Während Sie vorwärts zur Ausgangsposition zurückgehen, sagen Sie erneut „Warte“ und „Guter Hund“, bleiben stehen und lösen die Übung mit „Frei“ oder „Lauf“ auf.
- Sobald sich Ihr Welpe mit Ihrem Rückwärts- und Vorwärtsschritt angefreundet hat und still sitzen bleibt, können Sie mit Seitenschritten nach links und rechts beginnen.
- Denken Sie an die Reihenfolge: „Name Ihres Welpen“ – „Sitz“ – Hinsetzen des Welpen, Pause – „Guter Hund“ – „Warte“ – Futterlob. Dann gehen Sie in die Richtung, in die Sie wollen.
- Halten Sie an, sagen Sie „Warte“ und den Namen Ihres Welpen und gehen

Loben, wenn das Warten nah beim Welpen klappt.

Bleiben und Warten mit ein paar Schritten Abstand zum Welpen.

Sie zurück zum Ausgangspunkt. Währenddessen sagen Sie: „Warte", „Hundename", „Guter Hund", dann geben Sie ein Futterlob und kündigen mit „Frei" das Ende der Warteübung an.

- Wenn diese Übung klappt, gehen Sie in einem Viertelkreis um den Hund herum und zurück, danach folgt ein halber Kreis und schließlich ein ganzer Kreis rund um den Hund herum. Zuerst machen Sie das im Uhrzeigersinn, danach entgegen dem Uhrzeigersinn.
- Vergessen Sie nicht, langsam und Schritt für Schritt vorzugehen. Wenn Ihr Welpe sich bewegt oder Ihnen folgen will, sind Sie wahrscheinlich zu schnell vorgegangen, sodass er Sie nicht verstehen konnte. Machen Sie dann den Trainingsschritt, der zuletzt gut geklappt hat, und beenden Sie das Training mit einem positiven Erlebnis. Lassen Sie Ihren Welpen von der Leine und spielen Sie mit ihm. Oder Sie spielen eine Weile und probieren dann eine andere Übung.
- Jede Trainingseinheit sollte kurz sein, erweitern Sie das Training jeweils nur um je einen Schritt. Kurze, häufigere Trainingseinheiten sind besser als wenige Übungsrunden, die lange dauern. Weniger ist beim Lernen mit jungen Hunden mehr.

Das erste Führen Spielzeug.

Führen mit Spielzeug

- Mit einem aufmunternden „Rayne komm" (also Name Ihres Hundes und ein Wort, das Sie gern zur Aufforderung verwenden möchten) und Ihrem animierenden Vorwärtsgehen wird Ihr Welpe mit Spielzeug aufgefordert, zu Ihnen zu kommen und bei Ihnen zu bleiben. Verwenden Sie hierfür einen Ball an einer Schnur oder ein anderes Spielzeug, das an einer Angel befestigt ist.

- Ihr Welpe wird bei Ihnen bleiben, wenn Sie ihn weiter mit dem Spielzeug locken, ihn per Stimme ermuntern, loben und ihm beim Gehen auch einige Leckerchen geben. Wenige Schritte reichen am Anfang schon, dann lösen Sie das Lernen im Spiel auf.
- Üben Sie nach einer Spielpause das Mitkommen auch auf der anderen Seite, indem Sie Ihren Hund auf der linken Seite mit dem Spielzeug animieren, bei Ihnen zu bleiben.
- Legen Sie ein Labyrinth aus und gehen Sie mit Ihrem Hund an Ihrer Seite hindurch. Nützlich sind hierfür neben dem Spielzeug auch Leckerli und eine Gerte, mit der Sie Ihren Welpen locken und ihm den Weg weisen können (siehe auch Seite 112).

Führen an der Leine

Ich empfehle, das beidhändige Führen an der Leine im Labyrinth zu üben. Durch den vorgegebenen Weg am Boden bekommen Sie und Ihr Welpe eine optische Orientierung und lernen leichter. Vom Erfolg dieser Vorgehensweise können viele Hundefreunde und TTEAM-Lehrer weltweit berichten.

Ich bevorzuge, die Leine nicht nur einfach am flachen Halsband zu befestigen, sondern zusätzlich am anderen Ende oben an einem Brustgeschirr, sodass Sie durch feine Signale die Balance Ihres Welpen beeinflussen können. Das einhändige Führen am Halsband mit einfach befestigter Leine kann zum Ziehen verleiten. Durch das Ziehen kann die empfindliche Halswirbelsäule verletzt werden und es kommt zu unerwünschtem Druck und Zug an Rücken, Hüfte und

Das Anlegen des Brustgeschirrs Schritt für Schritt.

Knien Ihres Welpen. Jedes Mal, wenn Sie Ihrem Welpen das Ziehen erlauben, bestätigen Sie ihn in seinem Verhalten.

Mit dem beidhändigen Führen verbessern Sie Ihre eigene Koordination und geben Ihrem Welpen eine klare Führung. Wenn Sie einen Welpen führen, halten Sie die Leine vorsichtig zwischen Zeigefinger und Daumen. Geben Sie Ihre Signale zum Anhalten, Wenden und Losgehen sanft und impulsartig, d. h. mit kurzen Phasen des Annehmens und anschließend deutlichem Nachgeben. Starre Hände und steife Arme verleiten den Hund zum Ziehen, weil er auf Zug an der Leine mit Gegenzug reagiert.

Hier ist die Leine am Halsband und am Brustgeschirr befestigt.

Führen mit Balanceleine

Die Idee des Führens mit Balanceleine basiert darauf, dem Welpen von Anfang an ein ruhiges und kontrolliertes Gehen neben seinem Menschen beizubringen, ohne dass er an der Leine zieht. Mit der Balanceleine wird auch einem Hund, der schon gelernt hat zu ziehen gezeigt, wie er seinen Schwerpunkt und seine Balance zurück auf seine vier Beine verlagert.

Das ausbalancierte Führen mit der Balanceleine verhindert mögliche Verletzungen an Hals, Rücken, Hüften und Knien des Welpen. Es ist eine wichtige Vorsorge für einen Hund, der eine Veranlagung zur Hüftgelenkdysplasie, schwache Knie oder Halswirbelsäule hat.

Im Tellington-Training wird die Balanceleine mit einem „Step-in"-Brustgeschirr und einer Leine verwendet, die zweiseitig befestigt werden kann.

Sie benötigen:

> Ein „Step-in"-Brustgeschirr (siehe Seite 94), das oben am Rücken mit einem Schnapp-Verschluss geschlossen wird und am Rücken zwei Befestigungsringe hat. Dieses Geschirr hat außerdem jeweils einen Ring an jeder Schulterseite sowie einen unten vor der Brust.

> Eine Leine mit kleinen Karabinerhaken an jedem Ende, die zwei Meter lang ist.

Balanceleine am „Step-in"-Brustgeschirr.

So geht's

Wenn Sie Ihren Welpen links neben sich führen, befestigen Sie die Leine wie folgt:

> Führen Sie die Leine von rechts nach links unten durch den Brustring oder die Brustschlaufe und haken Sie den Karabiner in den Ring an der linken Schulter ein. Das andere Leinenende befestigen Sie an den Ringen oben am Rücken.

Um die Aufmerksamkeit Ihres Welpen zu erhalten und um seine Balance zu korrigieren, führen Sie ihn an der Leine mit beiden Händen. Die Leine liegt in der leicht geöffneten Hand zwischen Daumen und Zeigefinger, die in Richtung Welpen zeigen.

Um Ihren Hund zu verlangsamen oder anzuhalten, geben Sie mehrmals sanfte, kurze impulsartige Signale wechselseitig an beiden Leinenenden, also an der Leine, die um die Brust geführt ist und dann an der Leine, die am Rücken des Geschirrs befestigt ist.

Geben Sie Acht, dass Ihr Hund anhält, während er sich durch Ihr Nachgeben ausbalancieren kann und nicht, wenn Sie gerade ein Signal an der Leine geben. Bitte passen Sie auf, dass Sie Ihrem Welpen das Anhalten ohne Zug an der Leine beibringen, ich nenne das die „neutrale Leinenhaltung".

Führen durch das Labyrinth.

Ein häufig zu sehender Fehler ist, dass ein Hund im Stillstehen an einer straffen Leine gehalten wird. Im Tellington-Training wird mit der Neutralposition gearbeitet. Wenn Sie Ihrem Hund kein Signal geben wollen, hängen beide Leinen durch. Sie leiten ein Signal durch sanften Kontakt an der Leine ein, Ihr Hund wird aufmerksam und nun können Sie ihm mitteilen, was Sie von ihm wünschen. Entweder verbal oder mit einem sanften Kontakt an der Leine.

Balanceleine mit Halsband

Wenn Sie Ihren jungen Hund ohne Brustgeschirr an einem Halsband führen, sollten Sie die Leine mit einer Technik befestigen, die das Ziehen verhindert:

- Sie stehen auf der rechten Seite Ihres Hundes und befestigen ein Ende der Leine am flachen Halsband. Ihre linke Hand hält die Leine weg vom Hals.
- Mit Ihrer rechten Hand nehmen Sie das andere Ende der Leine auf, ziehen es hinter dem linken Ellenbogen des Hundes nach vorn zwischen seinen Vorderbeinen hindurch und führen es auf der rechten Seite des Halses nach oben. Ziehen Sie die Leine hoch, sodass sie unten an der Brust anliegt. Wenn Ihr Welpe zieht, führen Sie die Leine in bekannter Technik in beiden Händen (siehe Seite 105). Wenn Ihr Welpe ruhig neben Ihnen geht, halten Sie die Leine in der linken Hand.

Verwenden Sie eine weiche Leine, die keine scharfkantigen Seiten hat, damit Fell und Haut am Ellenbogen Ihres Welpen geschont werden. Wenn Ihr Welpe die Tendenz hat, sich nach hinten zu entziehen, dann nutzen Sie das Brustgeschirr mit Balanceleine (siehe Seite 106).

Führen mit Kopfhalfter

Wenn Sie an einen starken, großen, jugendlichen Hund ohne jegliche Grunderziehung geraten, der ängstlich-aggressiv

Führen mit Halti: Die Leine wird beidhändig und in Neutralposition geführt.

auf fremde Hunde reagiert, unkontrolliert bellt oder ausgesprochen hyperaktiv reagiert, kann Ihnen ein Halti helfen, wenn Sie es mit Vorsicht und Respekt einführen und einsetzen. Auch aggressives Verhalten kann durch das Halti verändert werden.

Ich empfehle als Kopfhalfter das Halti oder für Hunde mit kurzen Schnauzen oder breiten Köpfen das Snoot-Loop. Es gibt im Handel noch viele andere Arten von Kopfhalftern.

In den meisten Fällen wird TTouch und das Training im Lernparcours mit Brustgeschirr und Balanceleine richtig sein, um Ihrem Welpen die nötige Selbstkontrolle beizubringen und ihn zu einem verantwortlichen, selbstsicheren Familienmitglied zu machen.

Im Allgemeinen haben wir beobachtet, dass Hunde mit Halti konzentriert und fokussiert lernen können. Achten Sie beim Halti wie bei allen anderen Hilfsmitteln darauf, dass Sie es respektvoll und behutsam einsetzen. Nutzen Sie das Kopfhalfter auf sanfte Art und Weise und zeigen Sie Ihrem Hund, was Sie von ihm erwarten. Es ist hilfreich für Sie, wenn Sie ein paar Trockenübungen mit einem zweibeinigen Partner durchführen. Legen Sie das Halti um Ihre Hände und führen Sie sich gegenseitig durch das Labyrinth oder über andere Hindernisse. Das hilft Ihnen, ein gutes Gespür für das Halti zu bekommen. Testen Sie, wie sanft Ihre Signale sein können, damit Sie die Signale spüren. Klare Bilder im Kopf helfen Ihnen, die richtigen Impulse zu geben. Wenn Sie Ihren menschlichen Partner gut leiten können, sind Sie vorbereitet auf das Training mit Ihrem Hund.

Gewöhnung an das Halti: Zuerst wird ein elastisches Band um die Nase gelegt. Das Tragen des Haltis wird mit Futterlob unterstützt.

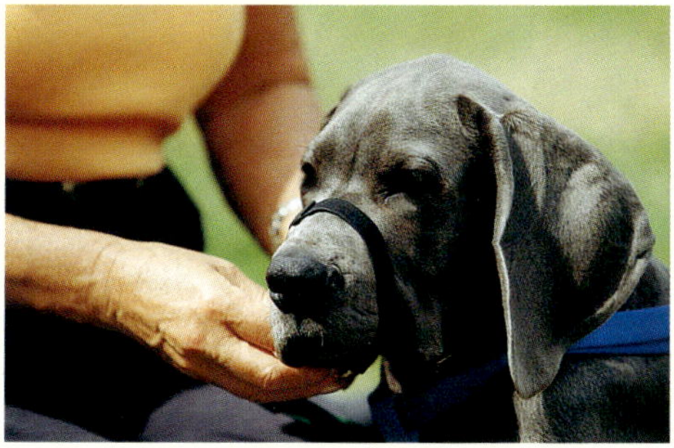

Ich verbinde das Training mit Kopfgeschirr im Lernparcours stets mit der Behandlung mit TTouch, um die in den Zellen des Körpers gespeicherten negativen Erfahrungen und Erinnerungen wie Angst, Schmerzen, Unsicherheit, Nervosität, Hyperaktivität zu lösen. Neueste wissenschaftliche Forschungen bestätigen, dass jede Zelle des Körpers negative und positive Emotionen in Form von biochemischen Stoffen speichert.

So geht's

Ich gewöhne Hunde Schritt für Schritt an das Tragen des Haltis. Es ist wichtig, das Nervensystem des jungen Hundes auf das Halti vorzubereiten. Zuerst wird es ihm fremd vorkommen, ein Band um die Nase zu tragen, daher sind folgende Schritte empfehlenswert:

- Zuerst lege ich ein einfaches, elastisches Band um die Schnauze, damit der Hund das Gefühl am Maul kennen lernt. Durch TTouch am Maul fördere ich seine Kooperation und wirke positiv auf seine Emotionen ein (siehe Seite 41).

- Wenn der junge Hund gelernt hat, das Band um sein Maul zu akzeptieren, lege ich das Kopfgeschirr an. Achten Sie darauf, dass es angenehm sitzt. Der Nasenriemen soll nicht über die Nase oder an die Augen rutschen. Beim geschlossenen Halti sollte unter jedes Band bequem ein Finger passen.
- Der Welpe soll das Halti mehrmals am Tag einige Minuten tragen, ohne damit geführt zu werden und ohne eine Leine zu befestigen. Wenn der Welpe das Halti akzeptiert, beginne ich das Führen.
- Die Leine wird am Brustgeschirr und am Halti befestigt und beidhändig geführt (siehe Seite 105). Das Leinenende, das mit dem Halti verbunden ist, wird locker gehalten.
- Die hauptsächliche Kontrolle erfolgt am Brustgeschirr. Am Halti werden Signale zur Richtungsweisung gegeben. Zeigen Sie Ihrem Hund beruhigende Signale wie das Abwenden des Kopfes, wenn er aggressives Verhalten zeigt.

Führen Sie Ihren Hund durch das Labyrinth und über die Hindernisse (siehe Seite 113).

Das Labyrinth: Lerntraining in der Gruppe stärkt die soziale Kompetenz.

Training im Labyrinth

Das Training im Labyrinth ist nützlich, um dem Welpen die grundsätzlichen Gehorsamsregeln beizubringen. Der durch die Stangen begrenzte Weg hilft dem Welpen, zielgerichtet und konzentriert zu sein.

Die ersten Male sollten Sie in einem für Ihren Welpen normalen Schritttempo durch das Labyrinth gehen. Dann können Sie die Übungen Anhalten und Stillstehen neben Ihnen integrieren. Durchschreiten

Sie das Labyrinth in beiden Richtungen und führen Sie Ihren Welpen auf beiden Seiten.

Halten Sie die Übungseinheiten kurz und gehen Sie zwischendurch auch zu anderen Hindernissen, damit Ihr Welpe aufmerksam und interessiert bleibt. Nutzen Sie das Labyrinth für die Übung „Sitz“ und „Bleib“, wobei Sie die Stangenbegrenzung mit einbeziehen. Bitten Sie Ihren Welpen, an einem Ende des Ganges sich zu setzen und zu warten, und entfernen Sie sich ein paar Schritte bis zum anderen Ende des Ganges. Halten Sie an und rufen Ihren Welpen zu sich.

Es ist auch hilfreich, mit einem anderen freundlichen Hund durch das Labyrinth zu gehen. Gehen Sie in entgegengesetzter Richtung und auch hintereinander. Diese Übung ist sehr nützlich, wenn Ihr Welpe ein wenig schüchtern ist oder sich anderen Hunden gegenüber aggressiv verhält. Passen Sie dann auf, dass die Hunde im Labyrinth genügend Abstand zueinander haben. Achten Sie auch auf die Kommunikation zwischen den Hunden, damit sie nicht durch zu geringen Abstand gestresst werden. Wenn Sie bemerken, dass der Abstand zu gering ist, nutzen Sie verschiedene Hindernisse, die genügend Abstand zueinander haben, oder bauen Sie das Labyrinth mit so großen Wegen auf, dass die Hunde sich miteinander wohl fühlen.

Führen von beiden Seiten

Das Führen eines Hundes von zwei Menschen ist eher eine Aufgabe für jugendliche (über ein Jahr alte) oder erwachsene Hunde. Im Tellington-Training wird diese Führposition Brieftaube genannt, weil mich die zwei Menschen neben dem Hund an ausgestreckte Flügel erinnern. Die Brieftaube kann Ihren Hund fokussieren und beruhigen, weil es ihm einen Rahmen gibt. Es gibt eine Vielzahl an Möglichkeiten, die Leinen zu befestigen,

Die beidseitige Führposition wird Brieftaube genannt.

Zur Verdeutlichung der Befestigung werden hier die Leinen auf Spannung gehalten.

Die Basislektionen Sitzen und Liegen können mit Gerte im Labyrinth geübt werden.

abhängig von Alter und Größe des Hundes. Weil die Halsmuskeln eines jungen Hundes noch nicht vollständig ausgebildet sind, bevorzuge ich zum Führen das Brustgeschirr.

Das Foto oben zeigt, wie die Leinen am „Step-in"-Brustgeschirr verschnallt sind. Beide Leinen verlaufen vor der Brust des Hundes und sind an den gegenüberliegenden seitlichen Ringen eingehakt. Die Leine auf der rechten Seite ist auch am oberen Ring des Brustgeschirrs eingehakt, um den Hund mit sanftem Kontakt verlangsamen, wenden oder anhalten zu können.

Führen mit der Gerte

Junge Hunde werden spielerisch annimiert, im Labyrinth dem Stab zu folgen und lernen an der Leine zu gehen. Halten Sie die Gerte beim Führen in der vorderen Hand, damit Sie den Weg vorgeben können. Sie können die Gerte auch im Lernparcours mit den Hindernissen verwenden. Zur Intensivierung des Körpergefühls hilft es manchen Welpen, wenn Sie den Rücken oder die Beine mit der Gerte abstreichen. Es kann aber sein, dass das nicht funktioniert, weil Ihr Welpe mit der Gerte nur spielen will.

Wenn Sie es mit einem ängstlichen Welpen, zum Beispiel in einem Tierheim, zu tun haben, der sich nicht berühren lassen will, können Sie für die erste Annäherung eine Gerte ausprobieren. Wenn der Welpe misshandelt worden ist, könnte ihm die Gerte Angst machen, dann verzichten Sie lieber darauf.

›LINDAS TIPP

Ich verwende im Training meist eine weiße Gerte, die steif und 90 bis 130 cm lang ist. Sie können stattdessen aber auch einen anderen Stab mit einem Band am Ende verwenden.

Im Lernparcours

Die Hindernisse des Lernparcours werden mit Welpen nur kurz und im langsamen Tempo geübt; der Lernparcours ist sehr sinnvoll für die Erziehung. Durch die vielseitigen Übungen mit den Hindernissen werden Kooperation, Konzentration und Gehorsam des jungen Hundes geschult und gefördert, daneben wird es Ihnen und Ihrem Welpen Spaß und Abwechslung im Training bringen.

Neben der Bewältigung der Hindernisse bieten sich viele Möglichkeiten, die Basisübungen wie Führen, Hinsetzen, Hinlegen und Warten zu üben.

Es ist einfacher und interessanter für Mensch und Hund, sich auf eine Aufgabe zu konzentrieren, wenn es eine klare optische Vorgabe gibt.

Lernparcours-Hindernisse wie das Labyrinth oder das Brett machen es leicht, eine Aufgabe zu bewältigen.

Nutzen Sie die Pausen auch dazu, um Ihren Welpen mit einigen Liegender-Leopard-TTouches zu berühren. TTouches fördern die Lernfähigkeit des Welpen und sind eine sehr gute Ergänzung.

Im Lernparcours kommt es nicht zu Überforderung, weil die Übungen leicht und sicher zu bewältigen sind. Welpen, die später als Ausstellungs-, Arbeits-, Sport-, Service- oder Rettungshunde eingesetzt werden, bekommen im Lernparcours eine schonende und sinnvolle Basisausbildung.

Das Training im Lernparcours macht außerdem viel Spaß, vor allem, wenn man gemeinsam mit anderen Mensch-Welpen-Paare trainiert.

Alle Lernparcours-Aufgaben sind leicht nachzubauen und günstig in der Anschaffung. Sie können die Hindernisse nicht nur im Welpenalter Ihres Hundes nutzen, sondern auch später, um Ihren Hund beweglich, fit und gesund zu halten.

Die Wege des Labyrinths sind etwa einen Meter breit. Für größere Welpen kann der Abstand erweitert werden.

Labyrinth

Das Training im Labyrinth bietet die besten Möglichkeiten, um die Konzentration und das Fokussiervermögen Ihres Welpen zu fördern, weil es so vielseitig genutzt werden kann.

Sie können im Labyrinth alle Basisübungen wie das Anhalten, Sitzen, Hinlegen und Warten üben und anwenden

TTEAM-Lehrer Katja Krauß (links) und Matthias Huber (zweiter von rechts) mit einer ihrer Welpengruppen.

und Ihren Welpen von beiden Seiten führen.

Sie brauchen sechs Kunststoffstangen mit einem Durchmesser von 3 bis 8 cm und einer idealen Länge von vier Metern. Sie können die Stangen in ein Meter lange Stücke teilen, um sie einfacher verstauen oder transportieren zu können. Bewährt haben sich Rohrleitungen aus Plastik, die mit Verbindungsstücken verbunden werden. Diese Stangen können Sie auch für den Stern und als Bodenstangen nutzen. Wenn Sie vier zusätzliche Stangen verwenden, können Sie einen Ein- und Ausgang des Labyrinths legen, das erleichtert jungen Hunden das Hinein- und Hinausgehen.

Auf einen Blick

- Das Labyrinth fördert die Konzentration
- Beide Gehirnhälften werden vernetzt und angesprochen
- Es ist eine optische Wegvorgabe
- Es trainiert das Führen von beiden Seiten
- Es steigert die Beweglichkeit beider Körperseiten
- Es trainiert den Grundgehorsam und die Basiskommandos
- Das Labyrinth kann überall einfach auf- und abgebaut werden

Brett

Das Brett ist ein gutes Hilfsmittel, um die Konzentration und Balance Ihres Welpen zu verbessern. Sie beginnen mit einem Brett, das am Boden liegt. Darauf legen Sie in 10 cm Abständen je einen kleinen Futterwürfel aus und führen Ihren Welpen mithilfe der Gerte auf das Brett.

Wenn Ihr Welpe nervös reagieren sollte, überqueren Sie das Brett zuerst von der Seite und gehen danach in Schlangenlinien darüber. Für einen unkooperativen oder sehr nervösen Welpen,

Leckerli motivieren und belohnen den jungen Boxer.

Das Brett fördert Balance und Konzentration.

der das Brett gar nicht betreten möchte, können Sie zur Gewöhnung auch zwei schmale Bretter (ca. 25 cm breit) verwenden, die zu einem V ausgelegt und dann im Laufe des Trainings immer enger zusammengelegt werden. So können unsichere Hunde langsam an das Betreten des Brettes gewöhnt werden.

Der nächste Schritt für einen unkomplizierten Welpen ist die Überquerung eines erhöhten Bretts. Diese einfachen Aufgaben fördern die Selbstsicherheit und das Selbstbewusstsein Ihres Welpen.

Als Brett eignet sich ein ca. 30 cm breites und drei Meter langes Holzbrett mit einer Stärke von 2,5 cm. Wenn Sie einen Welpen einer kleinen Rasse besitzen, kann das Brett auch kleiner sein. Falls das Holz glitschig sein sollte, helfen Querstreben in Abständen von 25 cm, um es rutschsicher zu machen. Sie können es auch mit einem Stück Teppich belegen, so kann es auch als Wippe oder als Brücke genutzt werden.

Auf einen Blick

- Das Brett fördert das emotionale und körperliche Gleichgewicht
- Es fördert die Konzentration
- Es bereitet auf echte Brücken und Überführungen vor, wenn es erhöht liegt
- Es kann auch zur Wippe umgebaut werden
- Es ist eine Vorbereitung für Agility und Rettungs- oder Servicehundetraining

Gruppentraining mit Kooikerhondje-Welpen.

Wippe

Ich empfehle die Wippe anfangs niedrig zu legen, nicht höher als 10 cm in der Mitte. Um die Wippe sicher einzuführen, sollten Sie das Brett mit Ihrem Fuß kontrollieren. Wenn das Brett plötzlich hinunterfällt, könnte sich Ihr Welpe erschrecken. Wenn Ihr Welpe erfahrener ist und Spaß an der Übung hat, können Sie die Wippe höher legen.

Slalom

Slalom ist eine Übung, die Sie vielleicht aus dem Agility-Training kennen. Sie macht Mensch und Hund großen Spaß. Üben Sie den Slalom zunächst mit Leine und im langsamen Tempo. Wenn Ihr Welpe verstanden hat, was er tun soll, können Sie im höheren Tempo und schließlich auch ohne Leine trainieren.

Sie benötigen fünf bis sechs Hütchen oder Stangen, die Sie auf einer geraden Linie aufstellen. Der Abstand zwischen den Hütchen sollte für das erste Training mindestens anderthalb Hundelängen betragen. Mithilfe der Gerte und der

Das beidseitige Führen ist eine Möglichkeit für das Slalomtraining.

Auf einen Blick

- Slalom steigert Beweglichkeit und Wendigkeit
- Es ist eine Vorbereitung auf Agility
- Es kann im langsamen oder schnellen Tempo gelaufen werden
- Hunde lieben diese Übung, wenn sie sie verstanden haben

beidhändigen Führung können Sie Ihrem Welpen genau zeigen, wo es langgehen soll. Sinnvoll ist es, auch mit anderen zu trainieren, das macht mehr Spaß und die Hunde lernen von- und miteinander.

Stangen und Leiter

Verwenden Sie leichte Kunststoffstangen, die Sie durch entsprechende Unterlagen erhöhen und auch zum Stern umbauen können. Sie benötigen fünf bis sechs etwa zwei Meter lange Stangen. Legen Sie die Stangen für Welpen nicht zu hoch, damit Ihr junger Hund nicht zum Springen verleitet wird.

Die Abstände der Stangen richten sich nach der Größe des Hundes und nach dem Tempo: Sie variieren zwischen einer halben Hundelänge bis zu einem Meter.

Anfangs legen Sie die Stangen flach auf den Boden. Gehen Sie gemeinsam mit Ihrem Welpen über die Stangen, damit er versteht, was Sie wollen. Sie können die Gerte und Futterwürfel benutzen, um Ihren Welpen zu locken und zu loben.

Nach einiger Übung können Sie außen an den Stangen vorbeigehen, Ihr Welpe geht neben Ihnen über die Stangen. Hilfreich ist es, wenn Sie mit anderen trainieren, um Ihren Welpen zu sozialisieren.

Stangen mit Hütchen.

Mit T-Shirt fühlt sich der junge Schäferhund sicherer.

Die Leiter ist für manche Welpen am Anfang eine Herausforderung. Jede neue Übung fördert und beeinflusst den Hund in einer Weise, die man nicht vorhersehen kann.

Als Leiterhindernis legen Sie eine stabile, einfache Leiter aus Holz oder Aluminium auf den Boden.

Das Leiterhindernis.

Beim Überwinden der Leiter lernt Ihr Hund, seine Schrittlänge den Abständen zwischen den Sprossen anzupassen und genau hinzusehen. Wenn Ihr Hund nicht in die Lücken treten will, gehen Sie zuerst in Schlangenlinien quer über die Leiter oder folgen einem anderen Hund. Wenn Ihr Hund anfangs über die Leiter springt, legen Sie etwas Futter zwischen die Sprossen, Sie können so sein Interesse für die Zwischenräume wecken.

Wenn Sie der Länge nach über die Leiter gehen wollen und Ihr Hund noch etwas unsicher ist, können Sie sich behelfen, indem Sie die Leiter direkt an eine Begrenzung legen, z. B. an eine Wand oder einen Zaun. So brauchen Sie Ihren Hund nur auf einer Seite kontrollieren.

Sie können auch einfarbige oder bunte Stangen als Wegweiser V-förmig vor dem Hindernis auslegen. Wenn Ihr Hund während des Durchgehens das Hindernis verlässt, führen Sie ihn nach dem Verlassen ruhig an das Hindernis heran und gehen in Schlangenlinien erneut darüber. Legen Sie Futter in die Zwischenräume.

Achten Sie darauf, dass Sie den Hund langsam Schritt für Schritt vorwärts führen. Denken Sie daran, dass Sie und Ihr Hund Spaß haben sollen. Loben Sie ihn viel mit Ihrer Stimme und mit TTouches. Wenn Sie einen schüchternen oder nervösen Welpen haben, ist es immer von Vorteil, Leckerli zur Hand zu haben.

Sehr gut gemacht!

Die Gerte lockt den jungen Terrier.

Auf einen Blick

- Die Stangenhindernisse trainieren Geschicklichkeit und Aufmerksamkeit
- Tritte und Trittlängen werden kontrollierter
- Sie fördern den Muskeltonus
- Zukünftige Ausstellungshunde verbessern ihr Gangvermögen

Stern

Der Stern ist ein interessantes Hindernis, weil der Hund gleichzeitig schreiten und sich dabei auch ein wenig biegen muss. Wenn die Stangen leicht erhöht liegen, fördert das die Beweglichkeit noch mehr. Für Welpen genügt es aber, wenn die Stangen flach gelegt werden, damit die Wirbelsäule nicht unnötig belastet wird.

Der Stern besteht aus fünf Stangen, die in der Mitte zusammenliegen. Die Länge der Stangen beträgt zwei Meter, die Abstände außen liegen bei etwa einem halben Meter.

Für das Führen über den Stern gelten die gleichen Trainingshinweise wie für Stangen und Leiter (siehe Seite 117).

Untergrund

Das Training mit verschiedenen Matten und Untergründen ist eine nützliche Vorbereitung für den Alltag. Bei Spaziergängen, Einkäufen oder Besuchen in der Stadt treffen Sie mit Ihrem Welpen auf Gitterböden, Kunststoffmatten, Gullydeckel, Teppichböden oder glatte Fliesen. Wenn Sie Ihren Welpen gut darauf vorbereiten, wird im Alltag kein Stress entstehen. Alle Hunde, und besonders die, die als Therapie- oder Rettungshunde ausgebildet werden sollen, lernen so, unerschrocken und sicher über jeden Untergrund zu gehen.

Verwenden Sie möglichst unterschiedliche Untergründe wie engmaschiges Drahtgeflecht, das auf einen Rahmen

Der Stern.

Verschiedene Untergründe.

>TTOUCH-TIPP

Pfoten-TTouch S. 47,
Python-TTouch S. 34

gezogen wird, und Fußmatten aus Metall, Kunststoff oder Bast. Folien eignen sich, um glatte Fliesen oder auch Wasserpfützen zu simulieren.

Wenn Sie merken, dass Ihr Welpe Angst hat oder nervös wird, bereiten Sie ihn mit Pfoten-TTouch und Python-TTouch vor. Wenn ein Hund Angst hat, spannt er seine Muskeln an, die Durchblutung bis in die Pfoten hinein wird behindert, dadurch kann der Welpe seine Beine und Pfoten nicht mehr deutlich wahrnehmen. Durch TTouches an den Beinen wird das Gefühl und die Durchblutung wieder verbessert. Auch Körperbänder oder T-Shirts helfen dem Welpen, sich im Körper sicherer zu fühlen.

Ringe und Reifen

Als Bodenringe können Sie drei bis sechs Hula-Hoop-Reifen aus Kunststoff verwenden, die Sie im Spielwarenhandel bekommen. Die Anordnung am Boden können Sie variieren, entweder Sie legen sie in einer Reihe, im Kreis oder übereinander als „Mikado" aus, so dass sich Ihr Welpe seinen Weg suchen muss. Sie können sie auch einseitig erhöht auslegen.

Reifen und Ringe.

Schwieriger zu überwinden sind Autoreifen. Sie benötigen ein paar ausrangierte Auto-, Motorrad- oder Fahrradreifen, die ebenfalls in einer Reihe ausgelegt werden. Sie können am Anfang Leckerli in die Reifen legen, damit Ihr Welpe Interesse bekommt, in die Reifen hineinzuschauen und dann auch hineinzutreten.

Auf einen Blick

- Reifen fördern Konzentration und Aufmerksamkeit
- Sie sind variabel einsetzbar

Dog-Dancing

Wer Spaß für sich und seinen Welpen sucht, dem empfehle ich Dog-Dancing. Das Tanzen mit Hund zur Musik ist in den letzten Jahren sehr beliebt geworden, es fördert die Intelligenz, die Beweglichkeit und die Kooperation des Welpen und trainiert auch die grundsätzlichen Übungen wie Sitzen, Warten und Kommen.

Dog-Dancing lässt sich unabhängig von Wetter und Übungsplatz überall und in jedem Hundealter durchführen.

TTEAM-Lehrerin Karin Petra Freiling stellt fünf Tanzübungen vor, die von jedem gut nachzumachen sind. Diese Übungen sind für Welpen leicht und spielerisch durchzuführen. Sprünge, das Laufen auf den Hinterbeinen, Männchen machen und Ähnliches sind für den im Wachstum befindlichen Organismus nicht geeignet!

Wichtig zur Motivation sind der richtige Einsatz von Futterlob, Spielzeug und eine freundliche, liebevolle Stimme, mit der Sie Ihrem jungen Hund gut verständlich machen können, was Sie von ihm möchten. Das Üben soll auf jeden Fall allen Beteiligten Spaß machen. Bei aller Begeisterung sollten Sie auch hier darauf achten, nicht länger als ein paar Minuten zu üben und mit einer gelungenen Aufgabe abzuschließen. TTouch ist sehr gut zum Aufwärmen und zum Entspannen.

Pfötchen geben

Pfötchen geben ist eine schöne Übung, die Sie als Aufforderung zum Tanzen nutzen können. Der Welpe lernt, eine seiner Pfoten zu heben und sie in Ihre Hand zu legen. Das Pfötchengeben ist ein natürliches Verhalten bei einem Welpen: Das so genannte Pföteln setzt er z. B. beim Futterbetteln bei den Alttieren ein.

So geht's

Knien Sie sich zu Ihrem Hund hinunter und halten Sie ein Leckerchen in Ihrer geschlossenen Hand. Der Welpe sollte es erschnuppern können, aber nicht fressen. Er wird versuchen, irgendwie an diese

Zu zweit macht es doppelt Spaß.

Pfötchen geben mit Timmy.

Köstlichkeit heranzukommen. Meistens setzt er sich hin, besonders dann, wenn Sie das Setzen auf das Stimmsignal „Name Ihres Hundes" und „Sitz" schon geübt haben. Wenn das Hinsetzen nicht das ersehnte Leckerchen bringt, wird er es weiter versuchen, und wahrscheinlich wird sein instinktives Verhalten, das Futterbetteln, aktiviert. Der Welpe hebt eine Pfote, und nun gilt es sehr wachsam und schnell zu sein. In der Sekunde, in der er die Pfote hebt, sagen Sie: „Feiiines Pfötchen", „Feiiiin, gib 5" oder „Guten Taaaag", wählen Sie ein Stimmsignal, das Sie immer benutzen möchten.

Zur selben Zeit schieben Sie sanft Ihre Hand unter die Pfote, ohne sie dabei zu ergreifen, und geben ihm mit der anderen Hand das verdiente Leckerchen. Manche Welpen legen die Pfote gleich auf die Leckerlihand, dann gilt auch, in der gleichen Sekunde das Stimmsignal und das Leckerli zu geben. Die Pfote wird mit der freien Hand sanft gehalten, aber erst nachdem der Welpe sie angehoben hat.

Hilfreich zur Vorbereitung sind Pfoten-TTouches.

Klappt das Ganze mit einer Pfote, ist es schön, dasselbe auch mit der anderen zu üben, dann bitte mit einem anderen Stimmsignal z. B. „Feiiin, gib 10" oder „MoinMoin".

Beherrscht der Hund diese Übungen, kann man später z. B. das Steppen üben.

Dabei stehen sich Hund und Mensch gegenüber und der Hund tippt mit seiner Pfote auf den gegenüberliegenden Fuß des Menschen.

Auch das Winken kann man aus dieser Übung ableiten, dies ist eine brillante Verabschiedung nach einer gelungenen Dog-Dancing-Kür und ist auch nett für die Verabschiedung von Besuchern.

Kreis

Beim Kreis läuft der Welpe einmal um den Menschen herum, das ist eine der ersten, einfachen Tanzübungen. Mithilfe von Futterlob locken Sie Ihren Hund um Ihre Beine herum, sodass er sie einmal oder mehrmals umrundet.

So geht's

Der Hund sitzt vor Ihnen, nun beginnen Sie ihn mit dem Leckerli in der rechten

Hand auf Höhe der Hundenase auf Ihre rechte Seite zu locken. Läuft er nach, belohnen Sie ihn, wenn er das erste Viertel des Kreises geschafft hat. Beim nächsten Versuch geben Sie die Belohnung ein kleines bisschen später und so fort, bis der gesamte Kreis geschafft ist. In der Mitte hinter Ihrem Rücken ist es hilfreich, das Leckerli aus der linken Hand zu geben. Wichtig sind immer kleine Schritte.

Auch hier führen Sie ein immer gleiches Stimmsignal ein, z. B. „Kreiiis bitte".

Ein klares Bild im Kopf für die einzelnen Abschnitte ist sehr hilfreich.

Unsere Erfahrung zeigt, dass die Hunde scheinbar unsere Bilder im Kopf wahrnehmen können. Stellen Sie sich klar die kleinen Schritte vor und erst nach entsprechenden Fortschritten den gesamten Kreis. Führen Sie Trockenübungen durch und spielen Sie das Ganze zunächst in Gedanken durch.

Den Kreis sollten Sie ebenfalls in beide Richtungen üben, um den Körper des Welpen gleichmäßig zu beanspruchen. Denken Sie auch hier bitte an ein zweites Stimmsignal für die andere Richtung, z. B. „Zirkel bitte".

Später kann der Hund auch z. B. einen Baum, einen Regenschirm oder einen anderen Hund umrunden.

Der Dreiviertelkreis kann dazu verwendet werden, um den Hund in die „Fuß"-Position zu bringen.

Hat sich die Leine einmal versehentlich um einen Laternenpfahl gewickelt, können Sie Ihren Hund mit dieser Übung leicht wieder entfesseln.

Timmy bekommt an verschiedenen Stellen sein Futterlob, um den Kreis zu lernen.

Timmy wird einmal um das rechtes Bein geführt.

Am Ende der Acht: Timmy hat das linke Bein umrundet.

Acht

Diese Übung ist eine Erweiterung des Kreises zu der Figur einer Acht um die Menschenbeine herum. Ihr Hund läuft von hinten nach vorn durch Ihre gespreizten Beine hindurch, außen um ein Bein herum, dann von vorne nach hinten wieder durch Ihre offenen Beine und außen um das andere Bein herum.

So geht's

Zuerst zeigen Sie Ihrem Hund, durch Ihre gespreizten Beine hindurchzulaufen. Wieder kommt tief gereichtes Futterlob zum Einsatz, locken Sie Ihren Hund zuerst von hinten durch Ihre Beine nach vorn, das Leckerli befindet sich in Ihrer rechten Hand. Locken Sie Ihren Welpen mit dem Leckerli um Ihr rechtes Bein herum, hier hat er sich schon ein Leckerli verdient. Nun führen Sie Ihre linke Hand von vorn zwischen den Beinen hindurch und locken den Hund nach vorn und um Ihr linkes Bein herum. Ab hier übernimmt wieder die rechte Hand das Futterlob. Es empfiehlt sich, dass Sie in jeder Hand einige Leckerli parat halten.

Hier ist es hilfreich, zunächst eine Trockenübung ohne Hund durchzuführen. Wenn Ihnen der Ablauf theoretisch und praktisch geläufig ist, üben Sie es mit dem Welpen.

Das Stimmsignal hierfür wäre z. B. „Slaaa—-looom bitte“, „Sla“ bei der Bewegung um das erste Bein und „lom“ bei der Drehung um das zweite Bein.

Drehen

Das Drehen ist eine Pirouette des Hundes, er dreht sich neben, vor oder hinter Ihnen einmal oder mehrmals um seine eigene Achse.

So geht's

Die Bildfolge zeigt, wie die Leckerchen vor der Nase eingesetzt werden, um den Hund zu motivieren, sich zu drehen. Wichtig ist hier, das Leckerli in der für Ihren Hund idealen Höhe zu führen. Manche Hunde legen sich sofort hin, wenn das Futterbröckchen zu tief gehalten wird, andere setzen sich, wenn es über den Rücken gehalten wird. Bitte testen Sie, welche Höhe für Ihren Welpen ideal ist.

Führen Sie das Leckerli zunächst langsam zum Rutenansatz. Folgt er brav der Bewegung, erhält er schon beim Kopfwenden ein Leckerli. Das nächste, wenn er ungefähr bis zur Mitte der Wirbelsäule folgt. Dann eines beim Rutenansatz und so fort.

Nach und nach wird das Futterlob reduziert. Von Anfang an sollten Sie ein Stimmsignal einführen z. B. „Ruuuund bitte", das eindeutig dieser Übung zugeordnet wird.

Wenn er diese Übung gut beherrscht, sollte man auch diese wieder in die andere Richtung üben, z. B. mit dem Stimmsignal „Andersrum bitte".

Neugierig folgt Gorden dem Leckerli. Dann wird er nach der halben und schließlich nach der kompletten Drehung belohnt.

Karin belohnt das Kopfwenden sofort, Imke führt den Lama-TTouch aus. Dann ist schon die Hälfte geschafft. Jetzt gibt es ein Freudenfest, die erste Rolle ist gelungen!

Rolle

Aus der Platzposition heraus zeigen Sie Ihrem Welpen, dass er sich auf den Rücken drehen soll und danach weiterrollt in die Platzposition. Das Herumrollen gehört zum natürlichen Verhaltensspektrum des Welpen. Vielleicht haben Sie Ihren kleinen Racker schon dabei beobachtet, wie er, mit einem Spielzeug beschäftigt, auf dem Rücken hin und her rollt.

So geht's

Mit Futter locken Sie den Welpenkopf zur Seite und nach hinten Richtung Schulter, hier erhält Ihr Welpe sein erstes Leckerli. Beim nächsten Mal führen Sie es ein kleines bisschen weiter Richtung Wirbelsäule. Nun liegt der Hund voraussichtlich auf der Seite, es folgt das zweite Leckerli.

Dann reichen Sie ein Futterstück oben dicht vor der Hundenase und bewegen es in die vorgesehene Drehrichtung, sodass Ihr Welpe sich auf den Rücken rollt. Das nächste Leckerchen geben Sie an der Seite, sodass er sich zurück in die Platzposition rollt. Nun folgt ein Freudenfest, das garantiert, dass der Kleine einen riesigen Spaß haben wird, alles zu wiederholen.

Trainieren sie das Ganze auch in die andere Richtung, das Codewort hierfür könnte „Kullern, bitte" lauten.

Tipps für das Dog-Dancing-Training

- Zunächst sollte man alle Übungen nur in eine Richtung trainieren, um den Hund nicht zu verwirren. Wenn es hier gut verknüpft wurde, kann man die andere Richtung trainieren.
- Es gilt, alle komplexen Übungen in kleine Einzelschritte aufzuteilen, um dem Welpen die Möglichkeit zu geben, in seiner persönlichen Geschwindigkeit zu lernen. Jeder kleine Lernerfolg wird gebührend gelobt und anerkannt. Hapert es mal mit der Umsetzung, gehen Sie zurück zu den einfachen Schritten und schließen Sie mit einer gelungenen Übung und einer großen Belohnung ab. Dies motiviert unseren kleinen Freund beim nächsten Mal, wieder hoch erfreut zu trainieren.
- Die Übungseinheiten sollten wenige Minuten nicht überschreiten und lieber öfter am Tag absolviert werden.
- Selbstverständlich kann man alle Kunststücke sehr gut mit dem Clickertraining (siehe Buchtipp S. 132) üben. Gut beraten sind Sie, wenn Sie einen Clickertraining-Kurs besuchen, damit Sie Ihrem Welpen keine missverständlichen Signale beibringen.
- Um die Konzentration und Lernfähigkeit des Welpen zu optimieren, kann man vor den Kunststücken einige Bodenarbeitsübungen, z. B. das Labyrinth, absolvieren oder die Übungen sogar im Labyrinth ausführen.
- Ist der Welpe zu aktiv und scheint unkonzentriert, helfen Noahs Marsch, verbundene Liegender-Leopard-TTouch überall am Körper, die Bandage und Ohren-TTouches, um ihn zu beruhigen.

Service

- Danksagung 129
- Zum Weiterlesen 131
- Nützliche Adressen 132
- Register 133
- Bildnachweis, Impressum 135

Ich widme dieses Buch

***meiner bewundernswerten Schwester Robyn Hood,
die so viel dazu beigetragen hat, TTouch in der Welt zu verbreiten, und
meinem Mann Roland Kleger, mit Dankbarkeit für seine Liebe,
seine Unterstützung und für sein Talent, stets die richtigen Worte zu finden.***

Viele Menschen haben zu der Entstehung dieses Buches beigetragen.

Ohne das Engagement, den Sachverstand und das schreiberische Geschick meiner Koautorin Gudrun Braun wäre dieses Buch nicht entstanden. Ich danke dir, Gudrun, im Namen aller Welpen und ihrer Besitzer, deren Leben durch TTouch bereichert werden kann.

Ich bin sehr dankbar für die wunderbaren Fotos von Gabriele Metz und ihren ausgezeichneten Kontakt zu den verschiedenen Hundezüchtern in Deutschland. Dank ihrer Organisation kamen zum Fototermin im Rheinland Welpenbesitzer mit ihren Familien von weit her zusammen. Marc Heppner, dem Lebensgefährten von Gabriele Metz, gilt mein Dank für seine großartige Mithilfe und dafür, dass er nach zwei Wochen Regen die Sonne hervorlockte. Ich danke der Dog-Frisbee-Vize-Meisterin Sabine Bruns, für ihre Tipps aus der Kunst des Frisbee-Trainings.

Meine tiefste Anerkennung und großer Dank gelten den TTEAM-Practitionern Katja Krauß und Matthias Huber für ihre exzellente Organisation und Unterstützung während des Fototermins in ihrer wunderbar ausgestatteten Hundeschule GREH in Berlin.

Mein Dank gilt allen Besitzern und Welpen, die uns ihre Zeit und Aufmerksamkeit bei den Fototerminen schenkten.

Obwohl mein gesprochenes Deutsch beinahe fließend ist, fehlt es mir für das Verstehen der geschriebenen Sprache doch noch an Erfahrung. Mein Dank gilt TTouch-Practitioner Kirsten Henry für ihre Sorgfalt, ihre Ausdauer und ihr umfassendes Wissen. Unsere über viele Wochen geführten Telefonate zwischen Santa Fe und Hawaii dienten dazu, Gedanken sorgsam zu formulieren und vom Englischen ins Deutsche zu übertragen. Kirsten und ich danken unseren Hundekameraden Jessie und Rayne für ihre Kooperation. Während wir uns bemühten, die richtigen Beschreibungen der TTouches zu finden, waren sie unsere geduldigen Partner. Jessie hatte die Aufgabe, die verschiedenen Körperbandagen zu erproben. Unsere Westie-Hündin Rayne genoss es, die unterschiedlichen Ruten-TTouches zu erfühlen.

Mein großer Dank gilt folgenden TTouch-Practitionern für ihre inhaltliche und textliche Unterstützung:

- *Karin Petra Freiling aus Deutschland, TTEAM-Practitioner und Leiterin der TTouch-for-You!-Practitioner-Ausbildung für Menschen, danke ich für ihre Texte zum Dog-Dancing und für die sorgfältige Durchsicht des gesamten Textes inklusive aller Bilder. Karin und die Fotografin Doris Saathoff sorgten auch für die Dog-Dancing-Bilder sowie*

Sarah Marsh mit Doodle.

Kirsten Henry und Jessie.

für die reizenden Aufnahmen mit den Kindern Annika, Imke, Lily und Madita mit den Welpen. Herzlichen Dank euch allen!

> *Martina Simmerer aus Österreich hat als Tierärztin und TTouch-Practitioner den Beitrag zur Ernährung der Welpen beigesteuert. Vielen Dank!*
> *Sarah Marsh, Hundeverhaltensexpertin und TTouch-Practitioner aus Großbritannien, danke ich für ihren wichtigen und bereichernden Beitrag zum Thema Welpenverhalten in der Welpenspielgruppe.*
> *Andy Robertson, Hundetrainerin und TTouch-Practitioner aus Australien, hat eine Methode entwickelt, um Welpen auf eine einfühlsame und erfolgreiche Art „Sitz, Platz und Bleib" beizubringen. Ich danke dir für deine Ideen!*

Ohne die Unterstützung, Beratung und Begabung meiner Schwester Robyn Hood würde TTEAM und TTouch nicht so weit in der Welt verbreitet sein. Mein tiefster Dank gilt ihr und den anderen TTouch-Instruktoren Edie Jane Eaton, Debby Potts, Kathy Cascade, Sarah Fisher und Bibi Degn für ihre Begeisterung, TTouch zu unterrichten.

Bibi Degn möchte ich für ihre seit mehr als einem Jahrzehnt andauernde Leitung der europäischen TTEAM-Gilde von Herzen danken. Sie organisiert und leitet das Ausbildungstraining mit bewundernswertem Geschick, viel Gespür und großer Umsicht.

Ich möchte auch den Practitionern danken, die mit ungeheurer Energie das Ausbildungstraining in ihren Ländern leiten: Martin Lasser in Österreich; Doris Suess, Teresa Cotterelli und Kirsten Bollinger in der Schweiz; Sarah Fisher in Großbritannien, Eugenie Chopin in Südafrika sowie der engagierten TTEAM-Gruppe in den Niederlanden.

Robyn Hood und Roy.

Ich möchte auch all den talentierten und großartigen TTEAM- und TTouch-Practitionern und -Lehrern danken, die in 26 Ländern Workshops, Seminare und individuelle Betreuungen anbieten: „Verändere die Welt, nimm dir Zeit für einen TTouch". Es sind zu viele, um jedem einzelnen zu danken, aber Sie können Kontakt zu ihnen aufnehmen unter www.ttouch.de.

Mein besonderer Dank gilt dem Kosmos Verlag für seine treue Unterstützung und Verbreitung der TTEAM- und TTouch-Idee; Almuth Sieben danke ich für ihre langjährige Begleitung und innige Freundschaft. Bozica Jurgec-Krohmer, Gestalterin und Setzerin dieses Buches, danke ich für ihre Kreativität und großartige Einsatzbereitschaft.

Diese Danksagung wäre nicht vollständig, wenn ich nicht alle Welpen würdigen würde: Ich danke allen Welpen, denen ich selbst so viel Spaß am Leben verdanke, und denen, die Ihr Leben bereichern.

Mein herzlicher Dank geht an all jene, die sich die TTouch-Philosophie zu Eigen gemacht haben, und an Sie, liebe Leserin und lieber Leser. Möge dieses Buch dazu beitragen, dass Sie Ihr Zusammensein mit Ihren Tieren auf neue Weise zu schätzen lernen und es Ihnen auch zu einem tieferen Verstehen unserer eigenen Spezies verhilft. Ich wünsche Ihnen, dass Sie Ihren eigenen Weg finden, um Ihren Welpen so zu begleiten, dass Ihr Hund er selbst sein kann.

Zum Weiterlesen

Bücher und Filme von Linda Tellington-Jones

Tellington-Training für Hunde; Das Praxisbuch zu TTouch und TTEAM. Kosmos, Stuttgart 1999

Video: Tellington-Training für Hunde. 50 Minuten Spieldauer. Kosmos, Stuttgart 2001

TTouch für Hunde; für unterwegs. Alle wichtigen TTouches. Kosmos, Stuttgart 2004

Der neue Weg im Umgang mit Tieren; Die TTouch- und TTEAM-Methode. Kosmos, Stuttgart 2005

TTouch für Katzen; Der neue Weg zu Harmonie, Gesundheit und Wohlgefühl. Kosmos, Stuttgart 2003

Die Linda Tellington-Jones Reitschule; Mehr Spaß und Erfolg mit TTEAM und TTouch. Kosmos, Stuttgart 2003

TTOUCH und TTEAM für Pferde; Der sanfte Weg zu Gesundheit, Leistung und Wohlbefinden. Kosmos, Stuttgart 2002

Die Persönlichkeit Ihres Pferdes; Die Kunst, Charakter und Temperament Ihres Pferdes zu bestimmen und positiv zu beeinflussen. Kosmos, Stuttgart 2003

Video: Reiten nach der TTEAM-Methode; Neue Wege für bewusstes Reiten mit und ohne Zaumzeug. 50 Minuten Spieldauer. Kosmos, Stuttgart 1999

Video: TTEAM-Bodenarbeit; Führ- und Hindernistraining an der Hand, Schritt für Schritt zum sicheren und selbstbewussten Pferd. 50 Minuten Spieldauer. Kosmos, Stuttgart 2000

Video: Die Persönlichkeit Ihres Pferdes; Die Kunst, Charakter und Temperament Ihres Pferdes zu bestimmen und positiv zu beeinflussen. 50 Minuten Spieldauer. Kosmos, Stuttgart 2000

TTouch for You!; Gesundheit und Wohlgefühl mit dem Tellington-TTouch für Menschen. Kosmos, Stuttgart 2003

TT.E.A.M. News International, der Newsletter von Linda Tellington-Jones mit aktuellen Informationen und Artikeln zu TTouch und TTEAM erscheint 4x im Jahr und kann über www.tteam.de bestellt und abonniert werden.

Weitere empfehlenswerte Bücher

Blenski, Christiane: **Hunde erziehen, ganz entspannt**; Der Einsteigerkurs. Kosmos, Stuttgart 2004

Bloch, Günther: **Der Wolf im Hundepelz**; Hundeerziehung aus unterschiedlichen Perspektiven. Kosmos, Stuttgart 2004

Brehmer, Marion: **Bach-Blüten für die Hundeseele**; Verhaltensstörungen und Erziehungsprobleme mit Bach-Blüten behandeln. Kosmos, Stuttgart 2004

Emoto, Masaru und Jürgen Fliege: **Die Heilkraft des Wassers**. Koha, Burgrain 2004

Feddersen-Petersen, Dorit: **Hundepsychologie**. Kosmos, Stuttgart 2004

Fichtlmeier, Anton: **Grunderziehung für Welpen**. Kosmos, Stuttgart 2005

Führmann, Petra und Nicole Hoefs: **Das Kosmos Erziehungsprogramm für Hunde**. Kosmos, Stuttgart 1999

Krauß, Katja: **Hunde erziehen mit dem Clicker**. Kosmos, Stuttgart 2006

Pietralla, Martin und Barbara Schöning: **ClickerTraining für Welpen**. Kosmos, Stuttgart 2002

Pryor, Karen: **Positiv bestärken, sanft erziehen**. Kosmos, Stuttgart 2006

Rugaas, Turid: **Calming Signals**. Animal Learn, Bernau 2001

Theby, Viviane: **Das Kosmos Welpenbuch**. Kosmos, Stuttgart 2004

Zurr, Daniela: **TEAM und TTouch in der tierärztlichen Praxis**. Sonntag, Stuttgart 2005

Nützliche Adressen

TTEAM Deutschland
Bibi Degn
Hassel 4
D - 57589 Pracht
Tel.: 02682-88 86
Fax: 02682-66 83
E-Mail: gilde@tteam.de
www.tteam.de

TTEAM Österreich
Martin Lasser
Spitalgasse 7
A - 2540 Bad Vöslau
Tel.: 0664-1250252
E-Mail: tteam@aon.at
www.tteamoffice.at

TTEAM Schweiz
Kirsten Bollinger
Via Suot Chesas 3
CH - 7512 Champfèr
Tel.: 081-8344178
E-Mail: Gilde@tteam.ch
www.tteam.ch

TTEAM USA
Tellington TTouch Training
P.O. Box 37933, Santa Fe, N.M. 87501 USA
Tel.: 001-505-4552945
E-Mail: info@tellingtontraining.com
www.ttouch.com

TTEAM Kanada
Robyn Hood
5435 Rochdell Road
Vernon, B.C. V1B 3E8 Kanada
Tel.: 001-250-5452336
E-Mail: ttouch@shaw.ca
www.tteam-ttouch.ca

TTEAM Italien
www.tteam.it

TTEAM Niederlande
www.tteam-ttouch.ne

TTEAM Südafrika
www.ttouchsa.co.za

Register

Acht 124
Aggressivität 41, 44
Aktivieren 20
Allein zu Hause 87
Anfang der Behandlung 20, 33
Angst 29, 41, 45
ärztliche Untersuchung 86
Aufgerollte-Python-TTouch 32
Ausrüstung 92
Autofahren 26, 60, 87
Autotraining 60

Balance 47
Balanceleine 106, 108
Bandage 93
Bauchheben 44
Begegnungen Hunde 72
Behandlungsbeginn 20, 33, 37
Behandlungsdauer 23
Behandlungsende 37
beidseitiges Führen 111
Beine 34
Bellen 41
Beruhigung 20, 39
Bestärkung 51
Besuch 76
Bindung 67
Braunhirse 64
Brett 114
Brieftaube 111
Bürsten 39, 80

Dauer der Behandlung 23
Dog-Dancing 121ff.
Dominanzverhalten 46
Drehen 125
Druckstärken 21
Durchblutung 34

Eingewöhnung 66
Emotionen 41
Empfindlichkeit 40
Entspannung 34
Ernährung 63ff.
Erste Begegnung 55
Erste Hilfe 43, 86
Erziehung 50, 79

Feldenkrais 13
Fellpflege 39, 80
Fertigfutter 65
Fieber 85
Führen an der Leine 105
Führen mit Spielzeug 104
Führen von beiden Seiten 111
Futter 62, 63ff., 69

Garten 62
Gassi gehen 70, 75
Geräuschempfindlichkeit 45
Gerte 93, 112
Geschwindigkeit 20
größere Hunde 29
Grunderziehung 94

Haargleiten 39
Halsband 92
Halti 92, 108
hebende TTouches 34
Heimweh 56
Hinlegen 100
Hüftgelenkdysplasie 45, 64
Hunde, große 29
Hunde, kleine 28
Hundefriseur 81
Hundegeschirr 92
Hündin und Welpen 90
Hündin, tragende 44
Hütehunde 54
Hyperaktivität 41, 43, 44

Ignoranz 51
Inhaltstoffe 65

Jagdhunde 54
Juckreiz 28

Kieselerde 64
kleine Hunde 28
Kombinierter TTouch 32
Kommen 101
Kommunikation 51, 52
Kontaktaufnahme 34, 37
Kopfhalfter 108
Körperband 87, 93
Körpergefühl 26, 36, 47
Körperhaltung 15
Körperpflege 80ff.
Körperteil-TTouches 41

Linda Tellington-Jones und Rayne.

Körpertemperatur 85
Krallenschneiden 47, 83
Krämpfe 44
Kreis 122
Kreisbewegung 18
kreisender TTouch 16, 26
Kreislaufkollaps 43
Kreisrichtung 19

Labyrinth 11, 110, 113
Lama-TTouch 33
Lecken der Kuhzunge 36
Leine 92
Leiter 117
Lernen 10, 16, 41
Lernparcours 10, 113
Lernprozesse 41
Lernvermögen 50
Liegender-Leopard-TTouch 28
limbisches System 41
Linienführung 20
Lob 52

Marsh, Sarah 77f.
Matte 96
Maul 28
Maul-TTouch 41
Muschel-TTouch 31

Nächte 69
Namensgebung 19, 57
Narben 28
Nervosität 29, 40, 41
Neutrale Leinenhaltung 107
Noahs Marsch 37

Ohren-TTouch 43
Operation 43

Pfötchen geben 121
Pfoten 28, 47
Pfoten-TTouch 47
Python-TTouch 34

Rassehunde 54
Regenwurm-TTouch 40
Reifen 120
Respekt 50
Ringe 120
Rolle 126
Ruhepause 74
Ruten-TTouch 45

Schlafplatz 61
Schmerzen 28, 43
Schnüffeln 71
Schüchternheit 29, 33
Selbstheilung 17
Selbstvertrauen 17
Sensibilisierung 38
Simmerer, Martina 63ff.
Sitzen und Warten 98
Slalom 116
Snoop-Loop 94, 108
Sozialisierung 77ff.
Spazieren gehen 71
Spielen 78
Spielzeug 63
Stangen 116
„Step-in“-Brustgeschirr 94, 106
Stern 119
Strafen 51
Streichende TTouches 34
Stress 16, 41
Stubenrein 74

Tagesplan 68
Tarantel-TTouch 38
Therapiehunde 16
Tierarztuntersuchung 86
Tierheim 6
tragende Hündin 44
Transportbox 57ff., 61, 62, 98
Trimmen 39, 80
T-Shirt 88, 93
TTEAM 6, 10
TTouch 6, 12
TTouch-Behandlung 22
TTouches, hebende 34
TTouches, kreisende 16, 26
TTouches, streichende 34
TTouches, verbundene 20

Überforderung 67
Unfall 43
Unsicherheit 33, 34, 44
Untergrund 119
Unterwürfigkeit 45, 51

Verbundene TTouches 20
Verdauung 44, 74
Verletzungen 28
Verspannung 40
Vertrauensbildung 26, 28, 33

Wahl des Hundes 53
Warten 98, 100
Warten mit Distanz 103
Warten und Bleiben 102
Waschbär-TTouch 30
Welpenspielgruppe 77ff.
Wippe 116
Wolken-Leopard-TTouch 18, 26

Zähneputzen 41, 82
Zahnkontrolle 41, 82
Zeckenkontrolle 84
Ziehen an der Leine 71
Züchter 56

Bildnachweis

Mit 197 Farbfotos von Gabriele Metz und weiteren Fotos von Doris Dobetsberger (S. 66), Dörthe Saathoff (S. 4 rechts, 5, 6, 62, 63, 96, 97, 99, 121, 122, 123, 124, 125, 126, 127) und privat (S. 129 unten, 130 unten, 1330).

Mit 14 Farbzeichnungen von Cornelia Koller.

Impressum

Umschlag von eStudio Calamar unter Verwendung von vier Farbfotos von Gabriele Metz, Mülheim.

Mit 230 Farbfotos und 14 Farbzeichnungen.

Bibliografische Information Der Deutschen Bibliothek
Die Deutsche Bibliothek verzeichnet diese Publikation in der Deutschen Nationalbibliografie; detaillierte bibliografische Daten sind im Internet über http://dnb.ddb.de abrufbar.

Gedruckt auf chlorfrei gebleichtem Papier

ISBN 13: 978-3-440-09953-7
ISBN 10: 3-440-09953-9
Redaktion: Gudrun Braun, Hamburg
Grundlayout: Friedhelm Steinen-Broo, eStudio Calamar
Produktion: Kirsten Raue / Markus Schärtlein
Printed in Germany / Imprimé en Allemagne

Alle Angaben und Methoden in diesem Buch sind sorgfältig erwogen und geprüft. Sie entbinden den Hundehalter nicht von der Eigenverantwortung für sein Tier und sich selbst. Die Anwendung der beschriebenen Methoden liegt in eigener Verantwortung. Der Verlag und die Autorin übernehmen keine Haftung für Personen-, Sach- oder Vermögensschäden, die aus der Anwendung der vorgestellten Materialien und Methoden entstehen.

Postfach 10 60 11
D-70049 Stuttgart
TELEFON +49 (0)711-2191-0
FAX +49 (0)711-2191-422
WEB www.kosmos.de
E-MAIL info@kosmos.de